はじめに

自分のお金は自分で守る

2016年に刊行された本書の初版は、おかげさまでたくさんの方に手にとっていただきました。あれから3年以上が経ち、保険会社やその商品、社会情勢なども変わってきましたので、このたび改訂版を出版することとなりました。

ここで初版から一貫して変わらぬ本書のコンセプトである、「保険会社に頼らず自分で保険の見直しができるようになる」ということに筆者がこだわっている理由を、お話させていただきます。

その理由は、何といっても家計を圧迫するほどムダに生命保険や医療保険に加入している人がとても多いからです。では、なぜそんなムダな保険にたくさん加入してしまうのかというと、それは保険の販売現場に問題があるように思います。顧客が保険に対して情報や知識が少ないのをいいことに、不安を煽り、必要以上に大きい保障額や給付金額を設定させている現状です。

2015年に金融庁は、多数の保険会社の保険商品の中から相談者に対して公正中立で適切な保険の見直しと保険販売を行うのをウリにしている保険の乗り合い代理店など約10社に対して、監督指針を変更して規制を強化した事実があります。規制強化の背景には、乗り合い代理店などが勧める保険商品が、保険会社から受け取る販売手数料の高い商品に偏っているということがありました。

さらに記憶に新しい2019年には、金融庁は不適切な保険販売を行ったとして、かんぽ生命に対し一部業務停止命令を下しています。

このようなことが続くと、いったいどの保険会社を信用したらよいのか、相談者側は判断できないでしょう。そもそも相談する相手が、保険を売ることで利益を得ている会社なわけです。はたしてムダのない保険プランを勧めてくれるかどうか、複雑な保険の内容を理解し、判断できるでしょうか？

だったら自分で保険を見直すことができれば一番良い、ということになります。

現在の家計状況や将来の不安要素、夢や人生設計を一番理解しているのは自分自身です。自分で見直すことができれば、それに越したことはありませんし、納得もできるというものです。

そういった理由から「保険会社に頼らず自分で保険の見直しができる」ことを目的としてこの本は生まれました。

できる限りわかりやすく平易な言葉で解説しているので、保険の知識や専門用語がわからなくても十分に理解することができます。

大事なことは「保険に詳しくなる」ことではなく、「自分で見直しができる」ことです。したがって読み終えてベストな保険プランがわかれば、その後は保険についてさらに勉強したりする必要はありません。

第1章から順番に読み進めていけば、段階を踏んで生命保険や医療保険というものを理解しつつ、保険の見直しができる構成になっています。

特に第2章の生命保険の必要保障額を算出する計算は、ぜひやってみてください。保険会社などが提供する計算とは異なるので、ご自身にとって本当に必要な最低限の保障額が算出でき、保険料を大幅に減らすことができるでしょう。

また第4章からの医療保険に関しては、どうぞじっくり読んで医療保険をどうするかの判断材料にしてくだい。

本当にムダのない保険プランを立て、家計への負担が少しでも抑えられることを切に願っています。

2020年3月
末永 健

目次

第1章 保険のキホンを知ろう

第2章 わが家の保障額を計算してみよう！

第3章　入ってもいい生命保険、ダメな生命保険

第4章　医療保険は本当に必要？！

第5章 医療保険の代わりは自分でつくろう！

本書の内容（保険商品情報等を含む）は、2020年３月現在の法令・情報等に基づいて執筆しています。

第1章

保険のキホンを知ろう

自分で選ぶと、保険料は大幅に安くなります

□保険選び・見直しは自分でやらないと損をします
□保険は住宅の次に大きな買い物です
□「保険の無料相談所」には行かないほうが賢明です

保険は自分で選ぶのが一番安全

保険に対して、漠然としたスッキリしない不安をお持ちの方も多いのではないでしょうか？「この保険で大丈夫か？」「保険料を払いすぎていないか？」「そもそも保険は入ったほうがいいのか？」等々。

保険は、むずかしい専門用語も多々あり、考えることすら面倒になってしまいます。そんな時「保険の無料相談所」の広告を目にしたら、「専門家に相談したほうがいいかも、しかも無料だし…」と思ってしまうのは仕方のないことでしょう。

しかし、無料だからといって、すべてを任せっきりにするのは賢明ではありません。一生のうちでもっとも大きな買い物が住宅で、その次が保険といわれています。生命保険文化センターの「平成30年度 生命保険に関する全国実態調査」によると、全国の一世帯当たり1年間の平均払込保険料は、個人年金保険も含めて38万2,000円です。これを30年間払い続けると保険料の支払総額は1,146万円にもなります。

家を買う時、不動産会社が家の専門家だからといって「自分はよくわからないからお任せします。あとはよろしく！」とすべてを任せっきりにする人はまずいないでしょう。保険も同様に、自分で選ぶ・見直すことが大切であり一番の安全策なのです。

「保険の無料相談所」は保険を売る所

保険の見直し相談を無料でしている保険代理店などは、もし、来客の全員が無料相談だけで帰ってしまったら、経営を続けていくことができません。

保険の無料相談所は、顧客の希望する保障内容や保険料、将来のライフイベントを

判断しながら保険設計を数パターン提案するので、かなりの手間と時間、そして専門知識が必要です。

このような手間のかかる相談を無料で提供するからには、なんとか新しい保険に加入してもらいたいというのが、無料相談を提供する側の本音といえるでしょう。

保険料は、自分で選ぶと大幅に安くなる

保険の無料相談所や保険の販売員、代理店が保険を売ると、保険会社から報酬として販売手数料が支払われる仕組みです。

この販売手数料は保険会社や商品によって異なるため、保険の販売員は、販売手数料の高い保険や、必要以上に大きい保障額の保険を勧める傾向にあります。

このため、自分の家計やライフプランに合った保険を見つけるには、自分で選ぶ・見直すことが重要となり、保険料も大幅に安くなるのです。

保険選び・見直しは、少し手間はかかりますが手順を踏めば誰にでもできます。

本書では、実際に生命保険と医療保険の商品を自分で選ぶことをゴールに、次の流れで説明していきます。

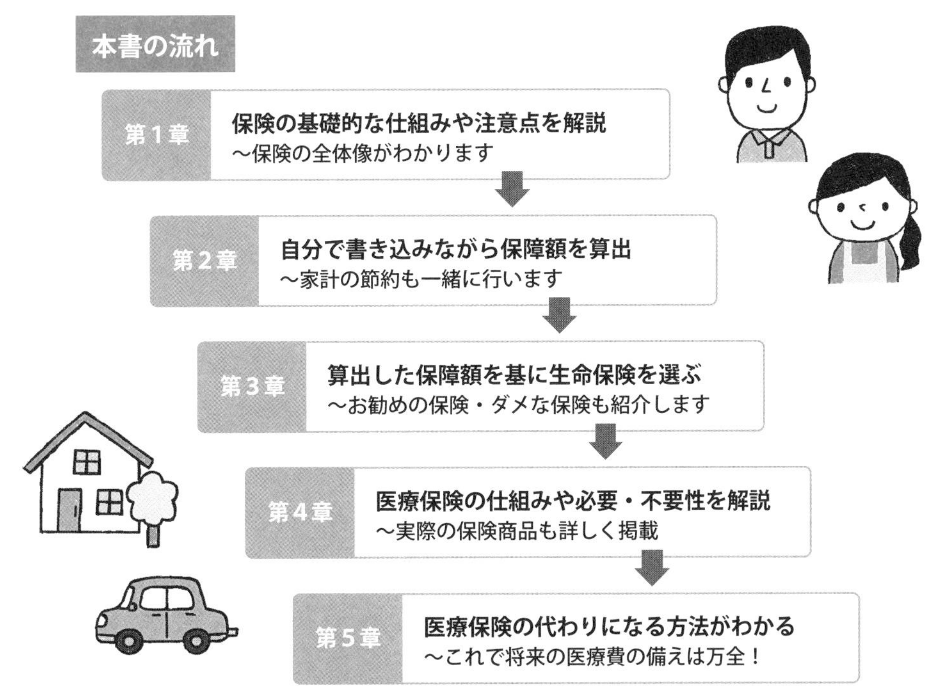

保険の全体像を把握しましょう

- □保険の体系図がザックリわかればOKです
- □生命保険は、大きく分けると、2種類あります
- □医療保険は、基本的に掛け捨てしかありません

保険の種類

保険は大きく分けると、「生命保険」「医療保険」「傷害・介護保険」「損害保険」があり、その下にさまざまな保険が枝分かれしています。

本書では、多くの人が加入している生命保険と医療保険について解説しています。

保険は種類ごとに違った特徴があり、複雑な構造になっているので頭を整理しながら読み進めてください。

生命保険と医療保険

生命保険に入る目的は、一家の経済的な大黒柱にもしものことがあった場合に、残された家族に現金を残すことです。このため、「死亡保障の保険」といわれています。

生命保険は、貯蓄を兼ねた保険と、掛け捨てで期間限定の保険に大別できます。

独身の人が生命保険に加入しているのをよく見かけますが、その人が亡くなった時に生活に困る人がいない場合は、生命保険は必要ありません。

医療保険に入る目的は、その名のとおり医療費が必要になった時に現金を受け取ることです。生命保険との大きな違いは、医療保険は基本的に掛け捨ての保険しかありません。病気やケガをしなければ、1円たりともお金は受け取れません。

筆者は、基本的に医療保険は必要ないと考えています。しかし、医療保険は商品によって保障内容がさまざまですから、本書を読んでそれぞれの内容を知った上で「自分に必要ない」あるいは「例外的に必要」かを判断するといいでしょう。

代表的な保険

本書で扱う代表的な生命保険と医療保険を下の図にまとめています。

傷害・介護保険、損害保険は、本書では紹介しませんが、保険の全体像を理解する上で見ておいてください。

図の中で の色が付いている保険は、筆者がお勧めする保険で、実際の保険商品も含めて詳しく紹介しています。

言い換えると、色が付いてない保険はお勧めできない、入ってはいけない保険ということです。もし今加入している保険に色が付いていなければ、見直しを検討したほうがいいでしょう。なぜ入ってはいけないのかは、第3章と第4章で解説しています。

本書で扱う代表的な保険の体系図

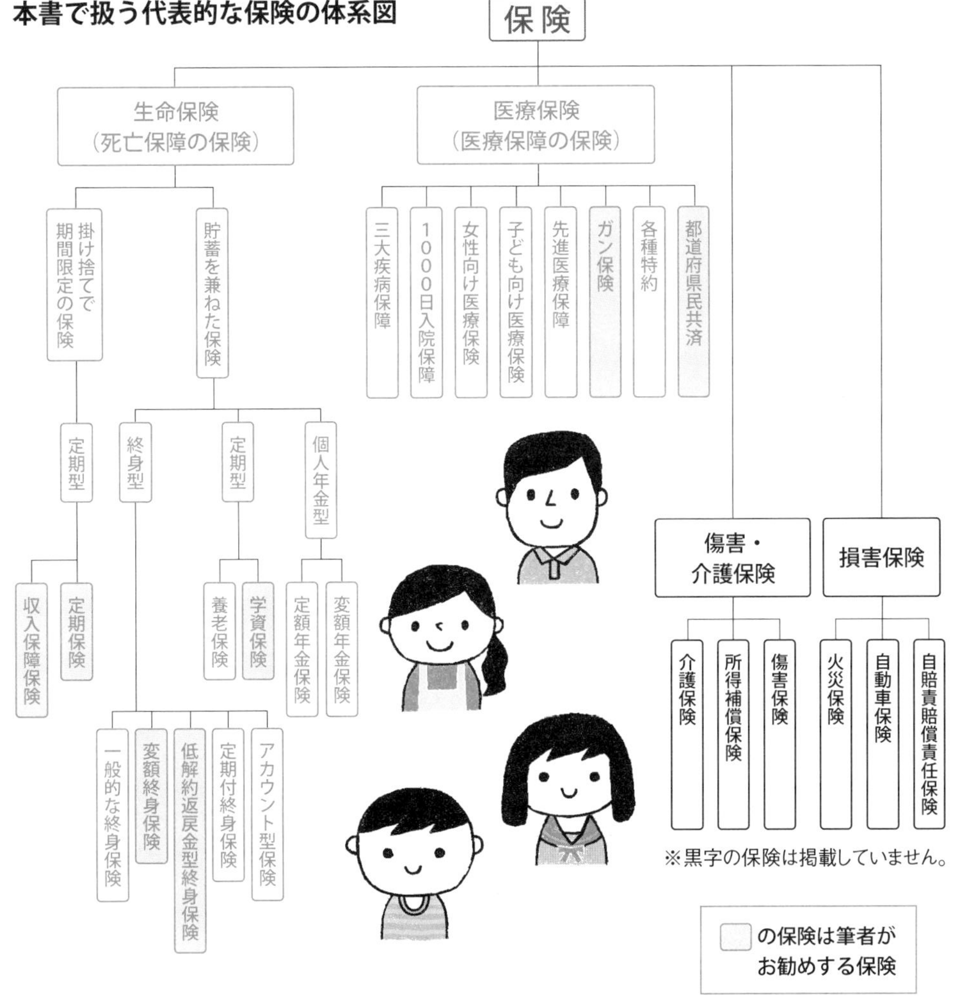

基本となる生命保険は、3つだけです

- ☐毎月分割で保険金を受け取れるのが「収入保障保険」
- ☐一定期間、大きな保障があるのが「定期保険」
- ☐保障が一生涯で、貯蓄性があるのが「終身保険」

生命保険の形は３つ

数ある保険の中でも一番複雑で、難しそうに見える生命保険（死亡保障の保険）ですが、基本となる形は下記のたった３つしかありません。次の第２章で、公的年金や預金額などを書き込みながら保障額を計算すると、この３つの保険の中からどの保険がわが家に必要で、さらに必要な保障額がわかるようになっています。

基本の生命保険

❶収入保障保険　❷定期保険　❸終身保険

３つの保険の特徴

収入保障保険・定期保険・終身保険の違いを見ていく上で一番大きなポイントは、「掛け捨てタイプか・積み立て貯蓄タイプか」と「解約返戻金（かいやくへんれいきん）の有無」です。

解約返戻金とは、保険を解約した時に払い戻されるお金のことです。しかし、満期になる前に解約した場合は、支払った保険料が全部戻ってくることはないので、解約する場合は慎重な判断が必要です。

基本となる生命保険の特徴

	タイプ	解約返戻金	保険料
❶収入保障保険	掛け捨て	基本的にない	安い
❷定期保険	掛け捨て	基本的にない	安い
❸終身保険	積み立て貯蓄	ある	高い

① 収入保障保険 の特徴

収入保障保険の特徴は、夫やひとり親などがなくなった時に、10 万円や 15 万円といった金額を、毎月分割で保険金を受け取る年金形式の保険です。

このように給料を受け取るような仕組みのため、収入保障保険といわれています。

もう一つの特徴が、死亡時の年齢が高くなるにしたがって、受け取れるトータルの保険金が減っていくことです。

たとえば、60 歳満期だと、40 歳で亡くなった場合は、残り 20 年間の保険金を受け取ることができますが、50 歳で亡くなった場合は残り 10 年間しか保険金を受け取れません。なお、いくつで亡くなっても毎月の保険金の額は変わりません。

一見不利なように見える仕組みですが、多くの家庭は、子どもの成長や年を取るにつれ、生活費は少なくて済むようになります。このように、遺族の生活費を準備するのに向いている保険です。

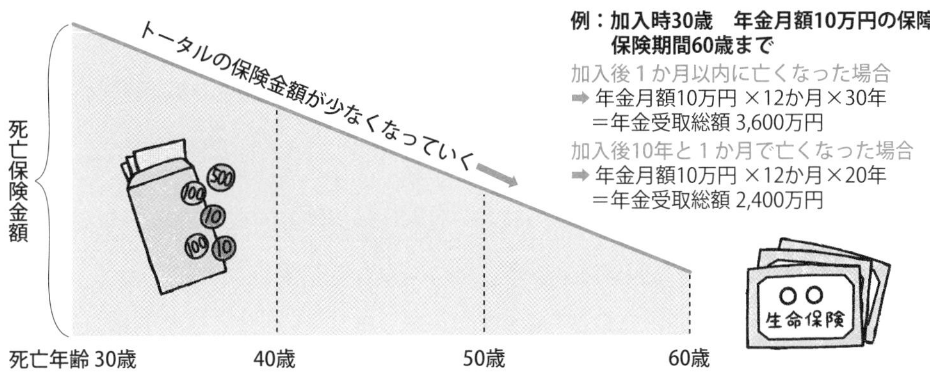

保険料は、３つの保険の中で一番割安ですが、掛け捨てのため、基本的に契約期間が過ぎると保険金は一切受け取れません。言い換えると、元気に満期を迎えると１円も受け取れないということです。

これが掛け捨て保険のメリット・デメリットで、保険料が安い分、なにごともなければ保険料がムダになるということです。また、解約返戻金はないか、あってもごくわずかです。

収入保障保険のポイント

- 貯蓄が少ない家庭に向いている
- 保険金を毎月給料のように、分割で受け取れる
- 保険料は、３つの保険の中で一番安い

② 定期保険 の特徴

定期保険は、前のページで紹介した収入保障保険の仲間になります。

収入保障保険と似ている点は、掛け捨てで保険料が安いことです。

反対に違う点は、保険に加入している人（被保険者）が亡くなった時に、収入保障保険は月々一定額の保険金を受け取るのに対して、定期保険の保険金は一度に全額の保険金を受け取ります。

あらかじめ保険期間が、1年更新型の短期から、10年間や30年間など定められているのもこの保険の特徴です。保険期間は、末子が最終学校を卒業するまでにするといいでしょう。

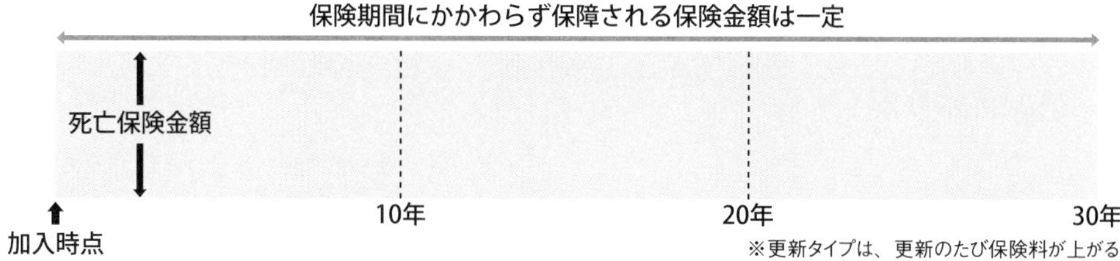

保険料は、次に紹介する終身保険に比べて割安ですが、保険金は多く受け取ることができます。しかし、掛け捨てのため前述の収入保障保険と同じく、基本的に満期まで元気であれば手元に残るお金はないか、あってもごくわずかです。

夫やひとり親が死亡した場合、学資保険や預金で足りない子どもの教育費を準備するのに向いている保険です。したがって、子どもがいない夫婦や、すべての子どもが独立した夫婦は必要ありません。

定期保険のポイント

- 子どもにお金がかかる期間だけ保険が必要、という家庭に向いている

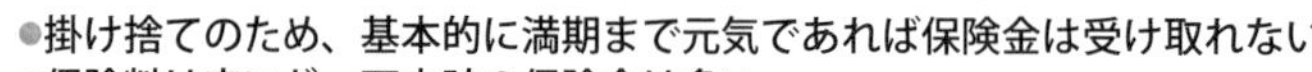
- 掛け捨てのため、基本的に満期まで元気であれば保険金は受け取れない
- 保険料は安いが、死亡時の保険金は多い

間違いやすい「保険料」と「保険金」の違い

「保険料」は、私たちが保険会社に支払うお金。「月々の保険料」などのように月額支払いのほか、半年支払い、年支払いもある。一方、「保険金」は、死亡時などに保険会社から支払われるお金のこと。医療保険は保険金ではなく「給付金」という。

③ 終身保険 の特徴

終身保険の「終身」とは、保険金が支払われる期間が一生涯にわたる、つまり生きている限り保障が続くという意味です。

このため保険金が受け取れるのは、保険に加入している人（被保険者）が亡くなった時だけです。保険商品によっては、高度障害の状態になった場合でも同額の保険金が受け取れるものもあります。

終身保険は、加入している年数によって解約返戻金が増えていき、保険料の払込みが終了したあとは、解約返戻金を年金払いや介護保障へ選択できる商品もあります。

途中で解約しても支払ってきた保険料の一部が受け取れる、貯蓄性のある生命保険といえるでしょう。

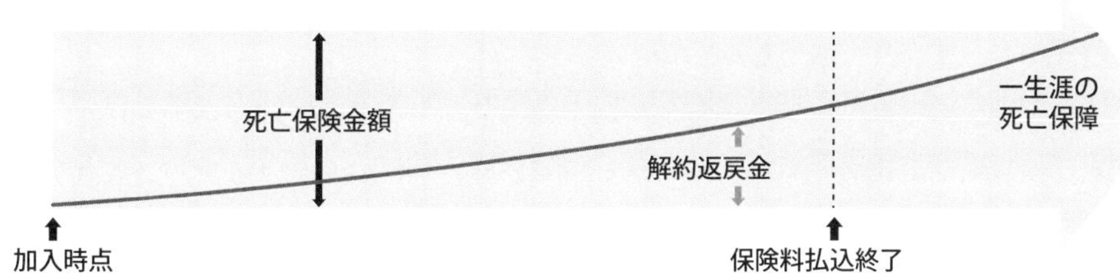

解約返戻金の一定範囲（解約返戻金の９割位）内であれば、利息がかかりますが貸付けを受ける（お金を借りる）こともできます。

保険料は、貯蓄性がある分、掛け捨ての収入保障保険や定期保険と違い割高です。

死亡保険金を葬儀代など遺族のために残すお金として、また解約返戻金を老後資金として受け取りたい方に向いています。

終身保険のポイント

- 葬儀代や老後資金をつくりたい家庭に向いている
- 解約返戻金が受け取れ、お金を借りることもできる
- 貯蓄性がある分、保険料は高い

※それぞれの保険の違いを一気に理解するのは難しいので、第２章と第３章でもこの３つの保険についてさらに詳しく解説をしています。
頭の中に各保険のイメージをつくるような気軽な感じで見ていけば大丈夫です。

保険会社のカテゴリーから特徴が見えてきます

□保険会社には4つのカテゴリーがあります
□カテゴリーごとに見ると、商品選択がしやすくなります
□保険料が高いのは、人件費が高い大手生保系の商品です

保険会社は４つのカテゴリーに分類できる

生命保険会社は、かんぽ生命や、共済保険を除いて、大手生保系・損保系・外資系・異業種系の４つのカテゴリーに分けられます。

大手生保系とは、日本の老舗保険会社のことです。社名が漢字ばかりといえばわかりやすいでしょう。損保系とは、親会社が損害保険会社のことです。損害保険会社は生命保険を販売できない決まりなので、こういった別会社の形態を取って生命保険を販売しています。外資系は、海外の保険会社なのでカタカナの社名が多くなります。異業種系とは、親会社が保険会社ではない保険会社のことです。

保険会社の４つのカテゴリー

カテゴリー	保険会社名
大手生保系（老舗で漢字ばかりの社名）	日本生命、明治安田生命、第一生命、住友生命 など
損保系（親会社が損害保険会社）	東京海上日動あんしん生命、三井住友海上あいおい生命、SOMPOひまわり生命 など
外資系（海外の保険会社でカタカナ社名）	アフラック生命、アクサダイレクト生命、メットライフ生命、チューリッヒ生命 など
異業種系（親会社が保険会社ではない）	ソニー生命、オリックス生命 など

カテゴリーごとの特徴

保険会社は各カテゴリーによって、営業販売のスタイルや広告などの販売促進活動、商品の特徴などに違いがあり、それらが保険料にも影響しているので保険商品の選択時の参考になります。

カテゴリーごとの特徴

カテゴリー	特徴
大手生保系	日本の保険販売の伝統的なスタイルの1社専属の販売員による営業販売が中心。誰でも一度は聞いたことがある大手の会社で構成されるため、安心感を持っている人が多い。販売員の人柄やサービスに惹かれて加入し続けている人も多くいる
損保系	元々損害保険会社は生命保険を販売できなかったが、規制緩和で、子会社を設立すれば販売できるようになって誕生したカテゴリー。大手生保系の商品づくりや販売方法などの良い点を取り入れ、悪い点は独自に改善して、魅力のある商品を安い保険料で提供している
外資系	海外の保険会社や企業が、日本支社として立ち上げた保険会社。本書では、海外と日本の保険会社が統合して生まれた会社や、元々海外の保険会社だったが今は日本法人という会社もこのカテゴリーに含めている。外資系はダイレクトメールやテレビコマーシャルによる広告活動に積極的な面があるので、必ずしも保険料が割安とはいえない。インターネット通販で保険料を安く提供している場合もあり、知名度は比較的高い
異業種系	親会社が保険会社ではない保険会社。ソニー生命は外資保険会社との合併からスタートしたが、現在は親会社のソニーが 100%出資する保険会社。商品によっては、顧客に合わせた保険コンサルティングに力を入れている。必ずしもすべての保険が割安とはいえない

加入をお勧めしないのは、大手生保系

上記４つのグループのうち、一番加入をお勧めしないグループは大手生保系です。理由は基本的に保険料が高く、複雑で理解しにくい保険が多いからです。

大手生保系はインターネット上で保険料の見積りシミュレーションができない会社がほとんどです。ほかの保険会社と比較されることを避けているように見えます。

もし、保険料を知りたければ、ホームページから見積り依頼をして、資料を郵送してもらうのが主流となっています。しかし、これでは入力した個人情報を基に後々販売員が自宅を訪問してくる可能性もあります。ちょっと保険料を知りたいだけの場合は、困ってしまいます。保険料が高いのは、このような訪問販売による営業を主力にした人件費と、テレビコマーシャルなどの広告費が大きな要因となっています。

保険料の仕組みを知って、かしこく保険を選びましょう

□保障内容が同じでも、保険料はそれぞれ違います
□「お宝保険」の見直しは慎重に行いましょう
□各社の経営状態はホームページで確認できます

保険料の仕組み

保険会社は、私たちから集めた保険料から、保険会社の経費を差し引いた部分を、将来の保険金（医療保険は給付金）の財源に充てています。

この経費になる部分を「付加保険料」、保険金・給付金の支払いになる部分を「純保険料」といいます。保険金等の支払いになる部分（純保険料）は、過去の統計から専門家が数字を算出しているので保険会社によって大きな差はありません。しかし、経費になる部分（付加保険料）は保険会社によって大きく違いが出ます。

保障が同じなら、保険料は安いほうがいい

ほとんど同じ保障内容や条件であっても、保険会社によって保険料が高かったり安かったりします。この差は、経費に充てられる部分（付加保険料）の割合が各社で違うためです。大手生保系の日本の老舗保険会社などは、たくさんの人件費や、有名芸能人を使ったテレビコマーシャルで莫大な広告費がかかっていますから、それだけ保険料が高く設定されています。

筆者が知る限り、インターネット通販専門のライフネット生命を除いてこの保険料

の内訳は顧客に対して公開されていないようです。儲け過ぎなどの業界批判を招くからでしょう。当然、内容や条件がほとんど同じ商品であれば、安い保険料のほうがいいに決まっています。もちろん会社の経営状態なども考慮しなくてはいけませんが、保険を選ぶ時は、保険会社のいいなりではなく、自分で判断することが非常に大切だということです。

「予定利率」とは？

貯蓄を兼ねた生命保険の終身保険・養老保険・学資保険などは、保険会社が、最終的に必ず契約者か受取人に保険金を支払わなければならない保険です。

このため、保険会社は将来の保険金の支払いに備えて資産運用を行っています。

この運用益を見込んで、保険料を割引く利率のことを「予定利率」といいます。

予定利率は割引率と同じなので、予定利率が高ければ保険料の割引率が高い、つまり保険料が安いことになります。反対に、予定利率が低ければ保険料の割引率が低い、つまり保険料が高いということです。

契約時の予定利率は、保険期間中は変わらず運用され、現在（2020年3月）は1％前後となっています。

昔の保険は「お宝保険」の可能性が！

今から20年以上も昔は、予定利率が5.5％や6％など、とても高かったころがありました。

このころに契約した、終身保険や養老保険のような貯蓄を兼ねた生命保険は、安い保険料で高い満期金や解約返戻金を受け取れることから、「お宝保険」といいます。

定期付終身保険の場合は、基本保障の「終身保険部分」がお宝保険に該当し、特約で掛け捨ての「定期保険部分」は該当しません。

お宝保険は貴重なので、次のように対処するといいでしょう。

お宝保険の対処法

- 1994年3月までに契約した保険はお宝保険なので、そのまま残したほうが賢明
- 1994年4月～1999年3月に契約した保険は、そのまま残すか、払い済み（詳しくはP.14）にするとよい

経営状態が悪い保険会社は避ける

どんなに保険料が安いからといって、今にも倒産しそうな保険会社の商品に加入することは危険です。

もし倒産した場合は、生命保険契約者保護機構（保険会社のための保険会社）がある程度の契約を保障してくれますが、保険金が減額される可能性があります。

以下の手順を参考に、保険会社のホームページから経営状態を確認することはとても大切です。

保険会社の経営状態を確認する手順（例）

1. 保険会社のホームページ（トップページ）を開く
2. 【会社情報】をクリック
3. 【ディスクロジャー】をクリック
4. 【ソルベンシー・マージン比率】をクリック
5. 比率が 600%以上あれば、安全圏と判断するのが無難

表の４にある「ソルベンシー・マージン比率」とは、たとえば天災で多くの被害が起きて、保険会社に多大な保険金の支払いが発生した場合でも支払い能力が十分にあるかどうか？ などを表した指標です。

一般的には、この比率が 200％以上であれば一応は安心といわれています。

しかし、この数字が 200％を超えていても倒産した保険会社があるので、万能な数字ではありません。

過去に倒産した会社のソルベンシー・マージン比率は、第百生命 305％、協栄生命 211％、千代田生命 263％、大和生命にいたっては 555％でも倒産しています。

現在は、600％以下の保険会社はほとんどなく、600％以上であれば安全圏と見るのが無難でしょう。新しい保険会社や小規模な保険会社の場合、この数字が大きめになることもあるので、絶対ではないことを理解しておきましょう。

「払い済み」とは

保険料の支払いを中止し、保険期間はそのままにした状態で、その時点での解約返戻金を使い保障額の少ない保険に変更する方法。特約や定期保険部分はなくなる。

保険会社が勧める見直し、転換は注意しましょう

- □保険の見直しとは、人生の節目で保障額を計算し直すことです
- □転換とは、見直し方法の一つです
- □転換は、今の保険を解約・下取りして新保険に加入することです

保険の見直しとは？

保険というのは、一家の大黒柱に万が一のことがあった場合に、どのくらいのお金が足りないのかを割り出し、その不足額をカバーするためのものです。

しかし保険で補う不足額は、子どもの誕生・住宅購入・子どもの独立・定年退職などのライフシーンの変化に伴い変わっていきます。

人生の節目となるようなライフシーンに変化が訪れた時に、保険で補う不足額を計算し直すのが、保険の見直しです。

見直しで重要なポイントは、すでに加入済みの生命保険であれば、単純に解約するのではなく、その保険をどう活かすのかを考えることが先決で、解約するのは最後の手段です。

どんな保険の見直しであっても、できるだけムダな保障を省いてスリム化し、不足がある場合に限ってその不足分を補い、毎月の保険料を削減するようにしましょう。

見直しは自分でできる！

保険会社が提案する見直しは、新規の契約獲得が目的の場合が多いので、注意が必要です。

本書を読み、必要最低限の保障額を算出すると、今の保険がわが家のライフシーンにマッチしているのかどうかがわかります。営利が目的な保険会社に頼らずに、自分の保険は自分で見直しましょう。

転換の多くは、損をするだけ

転換(てんかん)とは、保険の見直し方法の一つです。これは自動車の下取りに置き換えて考えるとわかりやすいでしょう。自動車を買い替える時は、古い自動車を売り、そのお金を新しい自動車の頭金にして支払額を減らします。

保険の転換も同じで、今の貯蓄型の保険を解約し、今まで保険料で積み立てた解約返戻金（貯蓄分）を新しい保険の頭金にして、加入し直すことです。

そうすると、新たな保障や特約が付いたとしても、今より保険料が少なくて済むことが多く、トクしたように錯覚をしてしまうのですが、解約で得たお金を新しい保険の頭金に充当しただけで、予定利率（割引率のこと。詳しくはP.13）が最低の現在では、多くの転換は損をするだけとなってしまいます。

転換の仕組み

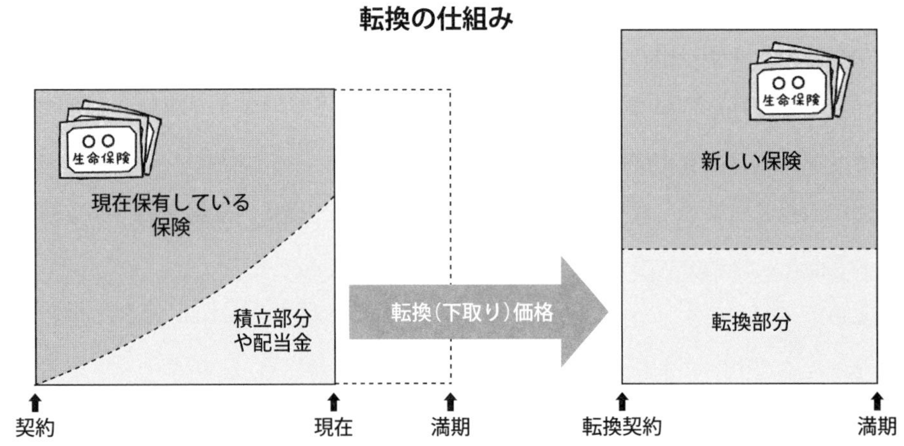

見直しや転換話への対応

保険会社としては、契約者がもっている「お宝保険」（詳しくはP.13）や、現在より予定利率が高かった（割引率が高かった）古い保険をなんとか解約してもらい、予定利率が低い（割引率が低い）新しい保険に加入し直してもらいたいと思っています。保険会社にとっては、古い保険は利益にならない厄介なお荷物なのです。

しかし、保険料が割高な現在の保険に転換することは、今の自動車のほうが優れて価値があるにもかかわらず、わざわざポンコツ自動車に乗り換えるようなものです。

見直しと称する保険販売員のセールストークには、転換が目的の場合も多くあるので、最終的には自分で判断するようにしましょう。

転換を勧められたらキッパリ断る

保険を販売している代理店や販売員は、新しい保険の契約を取ってこないと、保険会社から評価されず、販売手数料も受け取れません。

見直しや転換のセールストークで、「このまま更新したら保険料が上がりますから、こちらの保険に転換するとおトクですよ！」とか、「新しい特約が付いたこちらの保険に加入し直すといいですよ！」「こんなに安い保険料で大型の保障に切り替えられます！」などと勧めてきます。

このような販売員のいいなりになってはダメです。しつこく勧められたら、下の図のように質問してみましょう。「何％掛け捨てになるのか？」「大型保障を受けられる確率は何％か？」「手数料は何％引かれるのか？」など、解約返戻金の使われ方や具体的な確率・手数料などを尋ねると、ほとんどの販売員はハッキリと答えられません。そうしたら「そこがハッキリしないなら、有利な保険かどうかよくわからないので転換はしません！」と、キッパリ断りましょう。

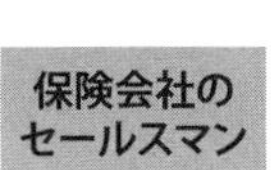

加入し直すことで、こんなに安い保険料で、
大型の保障に切り替えられますよ!
先進医療特約も付きます!

契約者

解約返戻金の何%が、新しい保険の掛け捨て
部分に充当されるのですか?

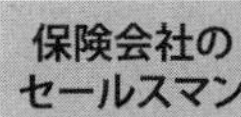

えっ?（汗）それよりも保険料が今までより安くなって保障も大きく
なるので、おトクですよ!
今ならまだ更新に間に合いますから早めに決断されたほうが…。

大きな保障を受けられる確率は何%ですか?
私が支払う保険料から何%手数料が引かれるのでしょうか?
それがわからないと有利な保険かどうかわかりません!

転換に対しての規制

1999年に金融監督庁（現・金融庁）が、転換に対して保険会社に厳しい説明義務を指導し、転換する際のリスクなどを書面で契約者にきちんと説明するように義務づけた。これにより違反した保険会社には業務改善命令なども出される。

保険会社を分けると、倒産リスクを回避できます

- □保険会社が倒産すると、保険金が減額される場合があります
- □リスク軽減には、1つの保障を2社の保険に分けて加入します
- □2社に加入しても、大手生保系1社で加入するより割安です

保険会社の倒産リスクを軽減させる

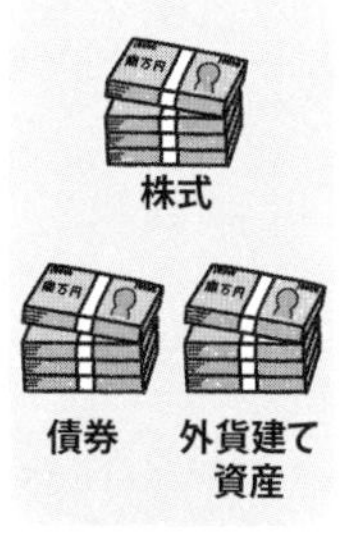

投資には、分散投資というリスク軽減の手法があります。数種類の投資商品に分散して投資し、損をするリスクを軽減する手法です。たとえば、１つの投資商品に 100 万円をドーン！と投資すると、その投資商品の値が下がったときに大損をします。それを避けるために、何種類かの投資商品に 100 万円を分けて投資することで最小限のリスクにとどめるという方法です。

次に、分けるという考え方を保険に適用する話を紹介します。保険も保険会社をいくつかに分けて加入することで保険会社の倒産リスクを軽減できます。

仮に保険会社が倒産したとしても、すべての生命保険会社は生命保険契約者保護機構に加入しているため、保険契約を他の保険会社が引き継ぐか、生命保険契約者保護機構が子会社を設立して引き継いでくれます。ただし、保険金が減額される場合があるので、分けて加入しておくことで保険会社の倒産リスクを少しでも軽減することができます。

２社に分けて加入したとしても、大手生保系１社より安く用意できる

１つの保障に対して、保険会社を分けて加入すると「割高になるのでは？」という

不安があるかと思います。たしかに、月額の保険料が数百円ほど高くなりますが、大手生保系の会社1社で保険を用意するほど高くはなりません。

たとえば、30歳の男性が定期保険に加入しようとします。希望する条件は、2,000万円の死亡保障で、保障期間は60歳まで。2つの保険会社に分けて、かつ安く準備したいと考えています。次の表から保険会社を選んでみます。

例：30歳の男性の定期保険

定期保険で2,000万円の死亡保障に加入したい

- 保障期間：30歳～60歳の30年間
- 2つの保険会社に分けて用意したい
- できれば安く準備したい

【死亡保険金額：1,000万円】

保険会社名	月額保険料	30年間の保険料支払総額
ライフネット生命	¥2,031	¥731,160
オリックス生命 ※加入はインターネットのみ。	¥1,883	¥677,880
日本生命	44歳まで ¥2,540 45歳～59歳 ¥5,080	¥457,200 ¥914,400 合計¥1,371,600

上記の3社の定期保険は、それぞれ1,000万円の死亡保障とその月々の保険料、保険料支払総額です。ライフネット生命とオリックス生命の2つで2,000万円の保障を準備したとします。すると以下のように日本生命の倍の死亡保障を3万7,440円上乗せするだけで準備ができました。

- **ライフネット生命とオリックス生命の各1,000万円の死亡保障合計**

  保険料支払総額 ¥731,160＋¥677,880＝¥1,409,040 ➡**2,000万円の死亡保障**

- **日本生命の1,000万円の死亡保障** ¥1,371,600 ➡**1,000万円の死亡保障**

大手生保系以外だと、月額の保険料は少し割高になる

2社に分けて準備すると、大手生保系以外の1社で準備するよりは、月額の保険料が数十円から数百円ほど高くなる。倒産リスクの軽減を選択するか、わずかな月額保険料の安さを選択するかは、個々の判断で決めればよい。

保険会社が儲かるカラクリ

保険会社は死亡保険金を1件あたり約270万円しか支払っていない

一世帯当たりの1年間の平均払込保険料は38万2,000円とお伝えしましたが、例えば35歳から65歳までの30年間支払い続けたとすると、支払額は1,146万円にもなってしまいます。

しかし、保険会社が死亡保険金として1件につき支払った保険金額は、次の表のとおり約270万円にしかすぎません。満期保険金でも約227万円の支払いです。

2018年の死亡・満期保険金の支払件数と支払額

	支払件数	支払額	1件あたりの支払額
死亡保険金	114万件	約3兆860億円	約270万円
満期保険金	124万件	約2兆8,174億円	約227万円

※「2019年版 生命保険の動向」（社団法人 生命保険協会）を基に筆者作成。

死亡保険金の支払額がこの程度で抑えられているのは、一時期、保険会社が強く勧めていた「定期付終身保険」や「アカウント型保険」に加入していた人が、死亡保障が減額される60歳を過ぎて亡くなったケースが多いことによる影響も大きいと考えます。なお、これらの保険はP.88で詳しく説明していますが、複雑で割高な保険料のため1番先に見直して、場合によっては解約を検討するべき保険です。

男性の65歳時点の生存率は想像以上に高い

生命保険各社が保険金の計算に使用する「標準生命表」によれば、男性の場合10万人中65歳時点で亡くなる人は全体のわずか1.015％で、60歳～65歳でいえば、90％前後の人が生きているということです。

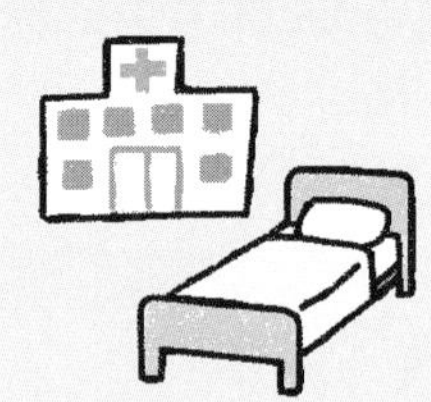

次のページに続く→

2018年の10万人当たりの男性死亡率

年齢	生存数	死亡数	死亡率	平均余命
60歳	92,339人	603人	0.653%	23.68
65歳	88,751人	901人	1.015%	19.53

※「2018年生保標準生命表（死亡保険用）（男）」（公益社団法人 日本アクチュアリー会）を一部抜粋。
※平均余命とは、平均してあと何年生きられるかという期待値のこと。

また、医療保険でも下の表のように10万円前後の支払いで済んでいます。これらは平均値なので一概にはいえませんが、保険会社としてはこのくらいの支払いで済んでいるということです。

2018年の入院・手術給付金の支払件数と支払額

	支払件数	支払額	1件あたりの支払額
入院給付金	724万件	7,159億円	約98,900円
手術給付金	441万件	4,449億円	約100,900円

※「2019年版 生命保険の動向」（社団法人 生命保険協会）を基に筆者作成。

保険会社は契約高の1％以下しか保険金を支払っていない

さらに、2018年の1年間だけでも保険会社全体で、個人保険・個人年金保険の新規・保有契約を合わせて1,025兆円の契約高（生命保険会社が保障する金額の総合計額）があるにもかかわらず、前述の保険会社の支払額を合計すると1年間に保険金として契約者に支払った総額は7兆642億円で、保険会社全体の契約高からみると0.69％程度の支払いにしかすぎません。これは、1,000円のうち7円使った程度です。これだけ日本人は保険会社に大事なお金を差し出しているというわけです。

2018年度個人保険・個人年金保険の新規契約・保有契約

	新規契約		保有契約	
	件数	金額（契約高）	件数	金額（契約高）
個人保険	2,253万件	66兆7,346億円	18,129万件	848兆6,900億円
個人年金保険	99万件	5兆3,027億円	2,142万件	104兆3,582億円

※「2019年版 生命保険の動向」（社団法人 生命保険協会）を基に筆者作成。

こんな場合はどうすればいいの？Q＆A

Q1 独身者に生命保険は必要ですか？

A 独身で扶養する人がいない場合、仮に亡くなったとしても生活費に困る家族がいないので、生命保険（死亡保障の保険）は必要ありません。自分の楽しみや、医療・老後のための預金を優先すべきです。もし、その独身者が亡くなると両親が生活できないなどの特殊な事情がある場合は、両親に残したいだけの死亡保障をムリがない範囲で準備すればいいでしょう。生命保険を選択する際は、第3章でお勧めしている保険を参考にしてください。第2章で念入りに必要保障額を計算する必要はありません。

Q2 ひとり親で子育てが終わった人は、どうすればいいのですか？

A 基本的には上記Q1の回答と同じで、自分の預金を優先すべきです。子どもにお金を残したい場合は、自分の生活に余裕があれば保険を利用してもかまいませんが、割が悪いので預金で十分といえるでしょう。

Q3 若い時に親に加入させられた生命保険をそのまま加入していますが大丈夫でしょうか？

A 今後結婚する予定がなければ、「お宝保険」（詳しくはP.13）でない限りは、生命保険は必要ないでしょう。結婚する予定や、すでに結婚している場合は、本書を参考に第2章で必要保障額を割り出し、今の保険の保障額と比較し、見直しをしてみてください。

Q4 真っ先に保険を見直したほうがいいのは、どんな人でしょうか？

A 子どもにお金がかかる世代の人たちです。学費のみならず、仕送りなど子どもの生活費のお金もかかりますし、同時に夫婦の老後資金もある程度視野に入れなくてはならない年齢です。独身の場合、保険料の支払いがキツくて見直したいということであれば、損得を抜きにして考えれば、ただ解約すれば済む問題です。しかし、子持ち家庭は単純に解約したり加入し直したりすると、たとえ保険料の出費が減ったとしても、保障が不十分だったり、またその逆もあったりします。第2章の計算式を使い、できるだけ早い段階での見直しをお勧めします。

第2章

わが家の保障額を計算してみよう！

適切な保障額の設定が、一番重要です

- □正しい保障額について理解しましょう
- □必要保障額の出し方はシンプルです
- □従来の計算方法では高額な保障額が算出されます

必要保障額とは？

生命保険は、夫やひとり親が亡くなった場合、残された妻や子どもの生活を保障し、進学を断念することがないよう、子どもの成長を助けるために用意するものです。

必要保障額とは、このような経済的なリスクに備えて、生命保険（死亡保障の保険）で準備しておくお金の目安額のことをいいます。

しかし、簡単に準備するとはいっても、どのような保険に、どのくらいの保障額を付ければいいのかは、それぞれの保険の特徴を知りプランを立てなければなりません。

保険で用意する保障額は、家庭の収入や貯蓄額、家族構成、ライフプランなど、それぞれの状況によって違います。

大切なことは、各家庭に合った適切な保障額を知ることです。

これにより、ムダな保険料を支払うリスクを避け、さらには万が一の時に保障が足りないといった事態も回避することができます。

必要保障額の出し方

必要保障額を考える上で重要なキーワードが、「一生分の収入」と「一生分の支出」です。

ここでいう「一生分」とは、一家の経済的な大黒柱が亡くなったあとから、残された妻が亡くなるまで、残された子どもは独立するまで（本書では大学を卒業する22歳までと想定）の期間です。

保障額の出し方はいたってシンプルで、一生分の収入から、一生分の支出を引いて足りないお金（マイナスの数字）が「保険で備える死亡保障額」となります。

一生分の収入に加えるお金は、国からもらえる遺族基礎年金・遺族厚生年金や、会社から支給される死亡退職金など。さらに、妻が働いて得る収入や、今の家庭にある資産が含まれます。国や会社からの「もらえるお金」、妻が「稼ぐお金」、そして家庭に「今あるお金」と考えると理解しやすいでしょう。

一生分の支出とは、残された家族が今後必要になる生活費・住宅費・教育費などのことです。

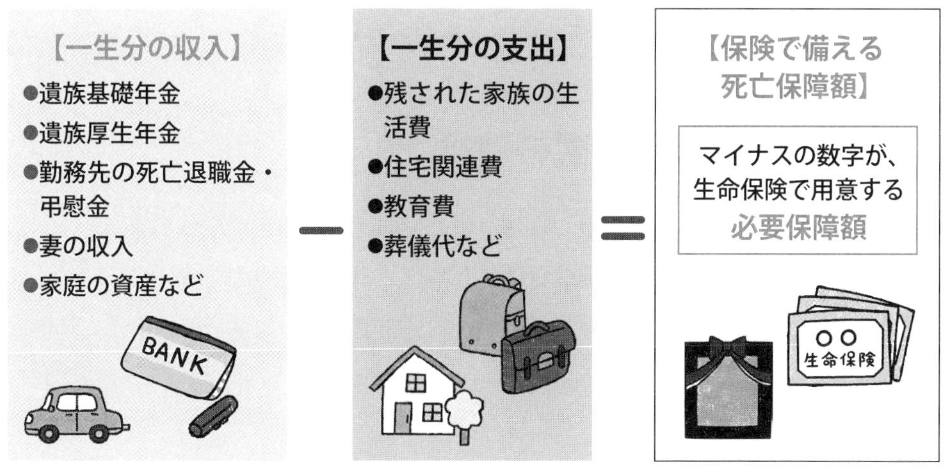

「死亡保障額」と「死亡保険金」の違い

「死亡保障額」と「死亡保険金」は混同しやすいので、ここで説明します。

死亡保障額は、上記の計算で算出された死亡時に必要な保障額のことです。

一方、死亡保険金は、死亡時に保険会社から支払われるお金のことです。保険商品を選ぶ時に、わが家にとって必要な死亡保障額と同額の死亡保険金の保険を選択することが理想ですが、家計の事情などでそうはいかないことも多々あります。保障額と保険金の関係や保険の選び方は、この章のP.67で詳しく紹介しています。

「必要保障額」と「保障額」は同じ意味

保険の説明で必ず出てくる「必要保障額」と「保障額」は同じ意味。本書では、わかりやすいよう基本的に保障額といい、強調したい場合だけ必要保障額という。なお、生命保険は「死亡保障額」、医療保険は「入院保障額」などということもあるが、いずれも保障額（必要保障額）のことである。

オリジナル計算式で、大幅に保険料を削減

- □わが家にピッタリな保障額がわかります
- □家計の節約や見直しもできます
- □計算手順は5ステップです

本書オリジナル計算式の特徴

生命保険の種類はたくさんあり、種類によって向き・不向きがあります。

筆者考案の「A-LIP 式必要保障額計算メソッド（以下、保障額計算メソッド）」は、必要な箇所では、妻や子どもの年齢ごとに計算式を変えています。このように年齢別に計算することで、それぞれの保険にどのくらいの保障額が必要なのかが明確にわかるという特徴があります。

保険会社が提供している計算ソフトのように、総額の保障額しかわからない計算とは違い、最低限の保障額を各保険に正しく振り分けることができるのです。

また、保険会社や保険の見直し無料相談所で計算すると、保障額が高く算出される傾向にあります。本書の計算式は、できるだけムダな保険料を支払わなくてもいいよう、限りなく最低限の保障額を知るための計算方法となっています。

「保障額計算メソッド」で計算するメリット

- ☑各家庭で最低限必要な保障額が算出できる
- ☑保障額が低くなる分、保険料を大幅に削減することができる
- ☑保障額だけでなく、今の家計の節約や見直しもできる
- ☑筆者がお勧めする２～３種類の生命保険に、どれだけの保障額を振り分ければよいかがわかる

計算方法は５ステップ

保障額計算メソッドの計算は、次の５ステップで行います。

ステップ４までは書き込み式になっているので、鉛筆と電卓をご用意ください。

ステップ１

家計の改善点を探り、大きな出費を見直す

保障額を計算する前に、生活費を見直す作業からスタートします。今の生活費を削減することが、保障額の削減にも直結します

ステップ２

一生分の収入を計算

公的年金や預金額などを合計し「一生分の収入」を算出。国や会社から「もらえるお金」、妻が「稼ぐお金」、家庭に「今あるお金」を確認します

ステップ３

一生分の支出を計算

ステップ１で見直した生活費を使い、遺族の生活費・住宅費などを合計し「一生分の支出」を算出。「保険で備える死亡保障額」の総額もここでわかります

ステップ４

保障額を各保険に振り分ける

ステップ３で判明した死亡保障額を、２～３種類の生命保険に振り分けます。家族構成から計算式を選び、ステップ２・３の数字を使って計算します

ステップ５

保険の選び方を把握する

事例の家族を参考に、ステップ４で振り分けた保障額を、家庭の事情や、将来のライフプランを考慮しながら、保険を選ぶ方法を理解します

次のページから、実際にチャレンジしていきましょう！

生活費の節約が、保険料の削減に直結

保障額と保険料の関係

ここからが、保障額計算メソッドの大事なワークです。

誰もが保険料は安いほうがいいに決まっています。

しかしどんな保険であっても、保障額を高く設定すると必然的に保険料は高くなります。保険会社で保障額の計算をすると高くなるというのは、保険会社が高い保険料を支払わせるためでもあるのです。

月々の保険料を少しでも安く抑えたければ、保障額を低く設定するのが何より重要です。

保障額の断捨離

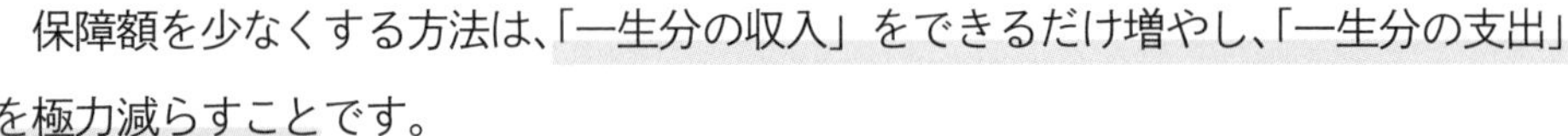

保障額を少なくする方法は、「一生分の収入」をできるだけ増やし、「一生分の支出」を極力減らすことです。

一生分の収入を増やすのはむずかしい場合が多いなか、一生分の支出を減らすのは生活費を少なくすれば簡単にできます。

生活費の削減は、保障額が減り保険料が安くなるだけでなく、今の家計も潤うことに直結するので一石二鳥です。

このステップ1では、今の暮らしの生活費を 20%以上削減させることを目標に、現在の家計の節約に取り組みます。

節約は「自動化」と「習慣化」

生活費を節約するには、「自動化」と「習慣化」の2つのポイントを意識するとラクにできるでしょう。

まず、誰にでもすぐに実践でき一番効果が高いのが、「節約が自動的にできるものを探す」ことです。

月１万円の節約はむずかしいと思うかもしれませんが、意外と簡単にでき、１万円どころか月２万円でも可能なくらいです。

「自動化」で節約が可能な例

以下の方法などは、買い替え作業などで少し手間が必要ですが、かかった経費はすぐに取り戻せる節約例です。

◎保険の見直し
⬆節約効果が大きい！

◎電気の契約アンペアを変更

◎日中あまり電気を使わない場合は、ナイトプランに変更（時間帯割引契約）

◎LPガスなら安い販売店に変更

◎新聞購読をやめる

◎トイレを節水型のタンク便器に買い替え

◎エアコンを節電タイプに買い替え

◎週末しか乗らない車をレンタルに変更

◎携帯電話などの料金明細を郵送からインターネット通知に変更

◎積立式定期預金を利用。自動的に、普通預金口座から決めた金額を定期預金に預け入れできる。給料の振込日に設定しておけば確実にお金が貯まる仕組みになる

◎安い家賃の物件に引っ越す
⬆節約効果が大きい！

◎インターネットの契約プロバイダーを見直す

◎さほど観ていないならケーブルテレビを解約

◎固定電話のムダなオプションを解約

◎スイッチ付きのコンセントタップを利用して待機電力をカット

◎風呂のシャワーヘッドを節水型に買い替え

◎冷蔵庫など大型家電を節電タイプに買い替え

◎LED照明に買い替え

◎携帯電話の契約プランの見直しや、格安スマホへの買い替え

◎上水道の蛇口内部に節水コマを取り付ける。無料で配布している地方自治体も多い。１個 100 円程度でホームセンターなどでも入手可能

生活費とは？

食費・水道光熱費・医療費・衣服費・交通費・娯楽費・家事用品など普段の生活に必要な費用のこと。教育費・住宅関連費（家賃・年間維持費・固定資産税など）は含めない。

水道代節約の実験
～筆者の実例

筆者が 2011 年から取り組んだ水道代の節約例を紹介します。電気製品などの買い替えだけで、月額 1 万 4,000 円前後の節約ができました。以下がその結果です。

【家族構成：大人 3 人・中学生 1 人・小学生 1 人】	
目的	1 か月￥24,000 前後かかっていた水道代を、自動的に節約できるようにする
買い替え費用	**総額：￥391,350** **内訳：** ●2 つあるトイレを両方とも節水型に買い替え ➡ ￥260,950 ●洗濯機をエコ機能節水型に買い替え ➡ ￥77,800 ●エコ節水型の食器洗浄機を購入 ➡ ￥49,800 ●風呂のシャワーヘッドを節水型に買い替え ➡ ￥2,800
結果	水道代が 1 か月￥10,000 前後になり、 **月￥14,000 前後の節約に成功!**
ポイント	**総額￥391,350 は、現金払い** ローンで支払うと利息がかかるので、預金がない場合はボーナスなどを利用するとよい。 総額の元を取り戻すには、約 2 年 4 か月（約 28 か月）かかる。 その間に電気製品が故障するなどのリスクは、次のとおり。 ●トイレは 2 年足らずで、簡単に壊れるものではない ●洗濯機は 5 年間の保証付き、食器洗浄機は 3 年間の保証付き ●シャワーヘッドは、2 年 4 か月経たずに壊れる可能性がある 現在 8 年半が経過したが、シャワーヘッドを 1 回買い替えた以外に故障はなく、十二分に元は取れた。 家族が節水に神経を尖らせているわけではなく、使い方は以前と変わらないので、**電気製品を取り替えてしまえば、あとは自動的に節約ができる**ということ。

「習慣化」で節約が可能な例

次は、習慣を変えることで節約できる方法を紹介します。

“ちりも積もれば山となる”といいますので、できることからコツコツ毎日続けることが大切です。

◎時間外手数料もムダにしない！

手数料がかかるので、時間外にATMからお金を引き出さない。お金を計画的に使う訓練にもなる

◎目玉商品に飛びつかない！

目的なくコンビニエンスストアや、100 円ショップ、ドラッグストアなどに行かない。割引や目玉商品という安売りの言葉につられムダな出費が増えるだけ。スーパーマーケットにいく場合も、あらかじめ買う物を決めて、それ以外は買わないという意思の強さが必要

◎ショッピングモールをレジャー代わりにしない！

ショッピングモールへは極力行かない。さまざまな店舗があるため不必要な買い物をする可能性が高く、必然的に外食になりがち。ゲームセンターもありムダ遣いの頻度が上がる

◎毎日の習慣に！

電気・水道・ガスを小まめに消すなど、使い方に気を配る。電気代は契約アンペアを変更するとかなり節約できる

◎現金主義！

クレジットカードは極力使用しない。手元の現金がなくても買い物ができるので、ついつい使い過ぎる。月々の生活費を決めて、それ以上は使わないという計画性が重要

◎健康にもなりお金も貯まる！

お酒やタバコの嗜好品は、減らすかやめる。やめられない場合でも、お酒は家飲みを中心にして、できるだけ外で飲む回数を減らす

◎コンビニや自動販売機は利用しない！

ランチ代の節約にお弁当を持参する。缶コーヒーやお茶などの飲み物もコンビニエンスストアや自動販売機で安易に購入するのではなく、水筒の利用や、会社で支給されるコーヒーやお茶などを飲む

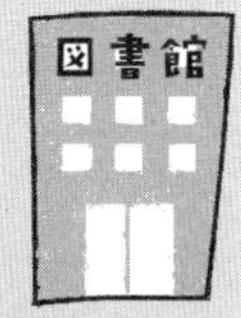

◎ギャンブルは投資ではない！

パチンコや競馬などの賭け事をやめ、健康的な趣味を持つ。図書館や公共の体育館などは、かかっても低料金で子どもと一緒に行けるのでお勧め

自家用車の断捨離は大きな節約効果が期待できます

自家用車にかかる費用とタクシー料金を比較してみる

一度断捨離してしまえば、その後も大きな節約効果が続くものの 1 つが自家用車です。次の表は、200 万円の新車（普通車 1,500cc）を購入し、それを 6 年間乗った場合の維持費用の例です。

新車200万円（普通車1,500cc）を購入し、6年間使用した場合の概算（例）

一括購入した費用総額	¥2,000,000※1
6年間の自動車税	¥207,000＝¥34,500×6年
2回分の車検費用総額	¥200,000＝¥100,000※2×2回※3
6年間のガソリン代	¥720,000＝¥10,000／月×12か月×6年
6年間の駐車場代	¥1,800,000＝¥25,000／月×12か月×6年
6年間の任意自動車保険	¥240,000＝¥40,000／年×6年
合　計	¥5,167,000

※1：重量税、自賠責保険料、環境性能割・登録代行費用、車庫証明取得代行費用、納車費用、消費税を含む。
※2：1回分の内訳は、重量税¥24,600、自賠責保険料¥25,830、印紙代¥1,700、24か月定期点検料¥24,200、継続検査料¥8,800、検査代行料¥11,000で、合計¥96,130。上表では1回分を概算¥100,000としている。部品交換費用は含めていない。
※3：新車なので初回は3年目、それ以降は2年に1度の車検で合計2回。

費用総額の概算は 516 万 7 千円にもなり、新車の購入費用 200 万円よりも 6 年間の維持費用のほうが 100 万円以上も上回ります。さらに、ローンで購入していれば利息も付きます。

次は、タクシーを利用した場合の料金を考えてみましょう。1 週間のうちの半分以上の週に 4 回、つまり年 208 回、10km の距離を 6 年間タクシーに乗車したとします。例えば、初乗り小型 670 円で計算すると約 3,670 円。この料金は渋滞などがなかった場合なので、ここでは 4,000 円と仮定します。すると、499 万 2 千円（208 回× 6 年× 4,000 円）かかることになり、自家用車を所有するよりも 17 万 5 千円も安く済むことがわかります。

お住まいの地域のタクシー料金や目的地までの距離は、インターネットの各種サイトで簡単に調べることができるので、下記の計算式で６年間タクシーを利用した場合の金額を計算してみるといいと思います。

●お住まいの地域でタクシーを利用した場合の費用

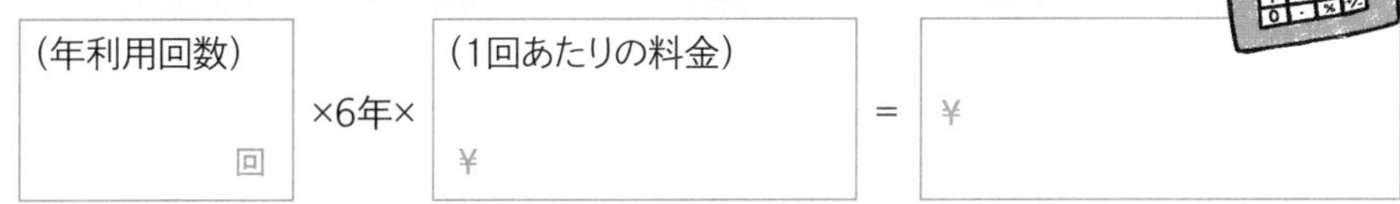

実際に愛車の購入・維持費用を計算してみる

自家用車を所有している場合は、実際にわが家でどのくらいの維持費用がかかっているか、左ページの表を参考にして計算してみましょう。自家用車はなくてはならない物という固定観念にとらわれず、まずは６年間の概算を出してみてください。購入から間もない人も長期に所有した場合の金額を把握してほしいので６年間で計算し、ローンで購入した場合は６年間の利息も購入費用に含めてください。

購入費用（ローンの場合は総支払額）	¥＿＿＿＿＿＿＿＿
６年間の自動車税	¥＿＿＿＿＿ ×６年＝¥＿＿＿＿＿
車検費用総額	¥＿＿＿＿＿ ×＿＿ 回＝¥＿＿＿＿＿
６年間のガソリン代	¥＿＿＿＿＿ ／月 ×12 か月 ×６年＝¥＿＿＿＿＿
６年間の駐車場代	¥＿＿＿＿＿ ×12 か月 ×６年＝¥＿＿＿＿＿
６年間の任意自動車保険	¥＿＿＿＿＿ ／年 ×６年＝¥＿＿＿＿＿
合 計	¥＿＿＿＿＿＿＿＿

自家用車を所有する理由は各家庭によりさまざまなため、タクシー料金より割高だからといって一概に車を手放すことができない人も多いことでしょう。一方で、最近ではカーシェアリングの普及や、ガソリンスタンド等で低料金のレンタカーを利用できるなど、うれしいサービスも増えています。わが家の諸事情を検討した上で判断をしたらよいと思います。

ステップ1　大きな出費を見直す

額面年収500万円以下なら住宅は購入しないほうが得策です

いくらまで借りられる？

将来も家賃を払い続けることを考えると、できるだけ若いうちにマイホームが欲しいと考える人は多いようです。しかし、額面年収（税込み）が500万円以下なら住宅購入はお勧めできません。

一般的な住宅購入の指南本やFP相談では、「ローン返済額は年間で手取り年収の20～25％、総借入限度額は手取り年収の5倍」程度ならひとまず安心とされています。

一方、銀行が通常ローンを審査する場合では、「年間ローン返済額は額面年収の30％、総借入限度額は額面年収の5～6倍」程度とするところが多いようです。下の表は、額面年収500万円（手取り年収約416万円）の人が、住宅ローンを借りた場合の両者の金額の違いを示しています。

【額面年収500万円（手取り年収約416万円）の場合】

	年間返済額	総借入限度額
住宅購入の指南本などの基準	手取り年収の20～25%➡ ￥832,000～1,040,000	手取り年収の5倍➡ ￥20,800,000
銀行の通常ローン審査の基準	額面年収の30%➡ ￥1,500,000	額面年収の5～6倍➡ ￥25,000,000～30,000,000

住宅購入の指南本のほうが、銀行が示す借入金額より低いため一見すると安心かのように見えますが、この低いほうの返済額でも、額面年収500万円以下の人は住宅ローンの支払いで貧困になる可能性が高いことを、次から説明します。

某銀行本店の融資部調査役の話

次に紹介するのは、銀行で実際に住宅ローンの融資を担当している銀行員を筆者が取材したときの内容です。

確かに、銀行としては額面年収の30%程度を年間返済額の限度として考えています。また総借入限度額として額面年収の5～6倍は貸し出しています。

しかし、現実的な話として、個人的には年間返済額は額面年収の10%くらい、総借入限度額は額面年収の３倍までが限度だと思います。このくらいの余裕があると、返済額と同額に近い金額を住宅に関するメンテナンスなどの諸費用や、利息軽減効果を高くするためにまとまった金額を一時返済する、繰り上げ返済など住宅に関する費用として別途預金をしていけるからです。
住宅ローンをお考えのお客様に感じることは、購入後にかかる諸費用をきちんと計算している人が少なく、住宅を買ってはいけない人が買っている状況があまりにも多すぎます。
固定資産税や都市計画税の支払い、修繕費も用意が必要です。一戸建てを初めて購入した人では、以前の賃貸マンションなどと違って生活スペースが広くなるので、その分光熱費が必然的に上がることなどを勘案していないケースもよく見られます。
「払い続けられるか」をもっと考えていただきたいと思います。額面年収500万円くらいでの住宅購入は、物件にもよりますが、相当きついと思います。

忘れがちな購入後にかかる費用

銀行員のコメントにもあるように、意外と多くの人が購入費にばかり気を取られて、購入後にかかる費用を忘れがちですが、この費用が思った以上に多くかかります。

例えば、持ち家では賃貸住宅と異なり自分ですべてのメンテナンス費用を準備しなくてはなりません。また、分譲マンションでは、賃貸住宅と同じく共用部分（エントランスホール、駐車場、エレベーターなど）のほかに、専有部分（各所有者が管理規約の範囲内で自由にできる部分で、壁紙、照明、浴室、キッチン設備など）の修繕費、子どもの成長や介護の発生による室内のリフォーム代なども必要です。さらに、ローン返済額には団体信用生命保険料が加算されますし、固定資産税や都市計画税も毎年支払わなくてはなりません。

融資部調査役の証言を検証してみる

先の銀行員が言う現実的な住宅ローンの割合から、返済額を計算してみましょう。

例とするのは、年齢35歳の男性で額面年収が500万円、1,500万円を借り入れてボーナス払いはなし、返済期間は35年の場合です。

本書執筆時の2020年において、変動金利は各金融機関でだいたい0.4～0.8%ぐらいを推移しているので、変動金利を0.8%として35年間ずっと金利が変動しないと仮定します。

次の表の左側の列は、この条件で1,500万円を借りた場合の返済額です。右側の列は、先の銀行員が現実的とする「返済額は額面年収の10%、借入限度額としても額面年収の3倍」という条件をもとに計算した返済額です。

【額面年収500万円、35年間ローン】

	変動金利 0.8%の場合（概算）	銀行員が現実的とする割合の場合
年間返済額	￥491,500【年収の 9.83%】	￥500,000【年収の 10%】
借入限度額	￥15,000,000【年収の３倍】	￥15,000,000【年収の３倍】
月の返済額	￥40,900	￥41,700
返済総額	￥17,200,000	￥17,514,000
利息総額	￥2,200,000	￥2,514,000

ご覧のとおり、かなりの近似値であるのがわかります。住宅購入の指南本などのように手取り年収の20％と考えた場合では、10年間の返済額では330万円以上の差額になります。もし繰り上げ返済を計画するのであれば、繰り上げ返済用の預金も必要となりますが、「実際に繰り上げ返済ができている人は１％にも満たない」と先の銀行員は言っていました。

よく不動産会社や住宅メーカーが「月々の賃貸料と同額か、それより低い金額で月々のローンが支払えます。あなたも一戸建てが持てます！」と勧誘する場合がありますが、それをおトクな買い物だと判断するのは早急すぎるのです。このほかにも子どもの教育費や夫婦の老後のための預金もしなくてはならないことを忘れてはいけません。

年収500万円では預金も難しい

国税庁の「民間給与実態統計調査（令和元年９月発表）」では、１年間の男女平均給与（額面年収）は45歳～49歳で502万円です。また、総務省が発表している「家計調査年報 家計収支 平成30年 世帯主の年齢階級別１世帯当たり１か月間の収入と支出（２人以上世帯）」から、45歳～49歳で世帯人数が3.67人の家計を見ると、月の支出総額は33万7,031円で年間支出だと、404万4,372円にもなります。本節でたびたび例に取り上げている額面年収500万円（手取り416万円）というのは、住宅購入を考える40代後半の平均的な年収であることがわかります。総務省が出した年間支出404万4,372円を見る限り、収入のほとんどを支出に回していることになります。これでは預金もなかなかできないのは明らかでしょう。

住宅購入のために準備するべき自己資金額は？

年収に限らず住宅を購入するために必ず準備しておくべき資金は、頭金と諸経費（ローン保証料、団体信用生命保険料、火災地震保険料、各種手数料、各種税金など）です。これらを準備しておくことで、住宅ローンの総額を少しでも低くすることができます。目安として、頭金は物件価格の 20％、諸経費は物件価格の 10％は用意することが肝心です。

頭金の目安〜物件価格1,500万円の場合

※カッコ内の数字は物件価格に対する割合。

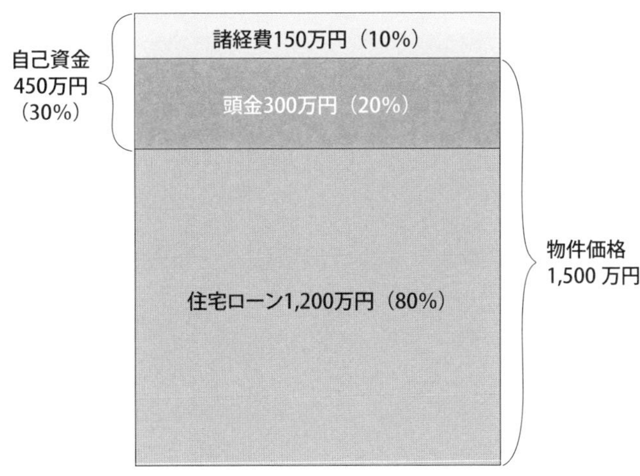

仮に物件価格が 1,500 万円ならば、上記のように自己資金 450 万円（頭金＋諸経費）を預金して準備しましょう。そうすればローン残債は 1,200 万円となります。先述の銀行員の現実的な条件で計算すると、返済総額は約 1,376 万円で支払利息は約 176 万円になり、年収に占める返済額の割合は 7.86％。毎月の返済額は約 3 万 2,700 円、年間では約 39 万 3,200 円まで落とせます。ローンの支払いをこのくらいまで落とすことができれば、繰り上げ返済用の預金も夢ではなくなりますし、メンテナンス費用も少しずつ蓄えられる可能性が見えてきます。

自己資金がない状態で決して見切り発車しないことが、のちのちの生活に困窮しなくて済むポイントです。繰り返しますが、子どもの教育費や老後資金づくりも必要なので、年収に占める年間返済額の割合は少しでも10％以下になるように頑張りましょう。

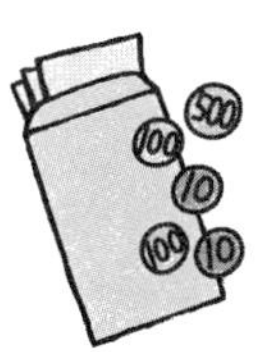

節約アイデアを書き出す

紹介した方法を参考に、わが家でできそうな節約アイデアを書き出してみてください。コツは、思いつくままにすべて書き出し、あとでゆっくりと取捨選択して判断することです。

わが家の節約アイデア	月の削減額	年の削減額
	¥	¥
	¥	¥
	¥	¥
	¥	¥
	¥	¥
	¥	¥
	¥	¥
	¥	¥
	¥	¥
	¥	¥
	¥	¥
	¥	¥
	¥	¥
	¥	¥
	¥	¥
節約の合計	¥	¥

今の生活費の20%削減が目標

今の１か月の生活費と、節約後の生活費を見比べてみます。

大まかな数字で結構です。見直し前・見直し後で20％以上の削減を目標に計算してみましょう。

※月額で記入

項目	見直し前	見直し後
食費	¥	¥
電気	¥	¥
ガス	¥	¥
水道	¥	¥
家庭用品費	¥	¥
固定電話・インターネット通信費	¥	¥
携帯電話代	¥	¥
日用品	¥	¥
自動車関連（ガソリン代・ローン・保険・ＥＴＣなど）	¥	¥
被服費（クリーニング代含む）	¥	¥
医療費	¥	¥
交際費	¥	¥
交通費	¥	¥
教養娯楽費	¥	¥
その他費用（小遣いなど）	¥	¥
１か月の生活費の合計	¥	¥

見直し後 ÷ 見直し前 × 100＝　　　　%

計算例:¥160,000 ÷¥200,000 × 100 = 80%（20%減）

見直し前より、20%以上少ない数字だと見直し成功！

ステップ2　一生分の収入を計算

万一の時、もらえるお金を調べます

一生分の収入とは？

ここでは、一家の大黒柱に万一のことがあった場合に、わが家にどのくらいの収入があるのかを算出します。夫婦の場合は夫の死亡、ひとり親の場合は親の死亡に備えた計算になります。

「一生分の収入」に含めるのは、国や会社からの「もらえるお金」、妻が「稼ぐお金」、そして家庭に「今あるお金」です。

計算の順番は ①遺族基礎年金 ➡ ②遺族厚生年金 ➡ ③妻の老後の年金 ➡ ④会社員の妻の中高齢寡婦加算 ➡ ⑤会社からの保障 ➡ ⑥妻の収入とわが家の資産 です。

対象者の早見表

対象		①遺族基礎年金	②遺族厚生年金	③妻の老後の年金	④中高齢寡婦加算	⑤会社からの保障	⑥妻の収入と資産
夫が会社員	子どもが18歳以下	P.41	P.42	P.44	P.46	P.47	P.48
	子どもが18歳以上か、子どもがいない	×	P.42	P.44	P.46	P.47	P.48
夫が自営業	子どもが18歳以下	P.41	×	P.44	×	×	P.48
	子どもが18歳以上か、子どもがいない	×	×	P.44	×	×	P.48
子どもが18歳以下のひとり親		P.41	会社員のみ P.42	×	×	会社員のみ P.47	資産のみ P.48

※独身者やひとり親で子どもが 18 歳以上の人は、生命保険は必要ない（詳しくは P.22）。
※会社員は、会社が厚生年金に加入していることが前提。

①遺族基礎年金を計算

遺族基礎年金は、国民年金の加入者が死亡した場合に、死亡した人によって生計を維持されていた「子どものいる配偶者」または「子ども」に支給される年金です。

この計算の対象者

- **18歳以下の子どもがいる妻** ➡ 以下のAの計算式へ
- **18歳以下の子どもがいるひとり親** ➡ 次のページのBの計算式へ

※内縁関係の妻も婚姻関係と同様であれば対象になる。
※夫・ひとり親に生計を維持されていた人の年収が850万円以上の場合は支給されない。
※18歳以下の子どもは、18歳の年度末に達するまでで、高校を卒業していないこと、障害等級1、2級の場合は20歳未満まで。

A 18歳以下の子どもがいる妻が受け取る夫の遺族基礎年金額

●子どもが1人

100万円×[子が18歳になるまでの年数] 　　年 =① ¥

●子どもが2人

(122万円×[第1子が18歳になるまでの年数] 　　年)+

(100万円×[第1子が18歳以後、第2子が18歳になるまでの年数] 　　年)=

① ¥

●子どもが3人

(130万円×[第1子が18歳になるまでの年数] 　　年)+

(122万円×[第1子が18歳以後、第2子が18歳になるまでの年数] 　　年)+

(100万円×[第2子が18歳以後、第3子が18歳になるまでの年数] 　　年)=

① ¥

※100万円などの数字は年金額。2020年度の年金額の千円台以下を切り捨て。
※子どもが4人以上いる場合は4人目以降の子ども1人につき年7万4,800円を加算。
（子ども3人の場合の最高額130万円＋7万4,800円＝約137万円）。

B ひとり親で18歳以下の子どもが受け取る親の遺族基礎年金額

●子どもが1人

78万円×[子が18歳になるまでの年数] 　　年 =① ¥

●子どもが2人

(100万円×[第1子が18歳になるまでの年数] 　　年)+

(78万円×[第1子が18歳以後、第2子が18歳になるまでの年数] 　　年)=

① ¥

●子どもが3人

(107万円×[第1子が18歳になるまでの年数] 　　年)+

(100万円×[第1子が18歳以後、第2子が18歳になるまでの年数] 　　年)+

(78万円×[第2子が18歳以後、第3子が18歳になるまでの年数] 　　年)=

① ¥

※ 100万円などの数字は年金額。2020年度の年金額の千円台以下を切り捨て。
※子どもが4人以上いる場合は4人目以降の子ども1人につき年7万4,800円を加算。
（子ども3人の場合の最高額107万円＋7万4,800円＝約115万円）。

②遺族厚生年金を計算（会社員のみ）

会社員の夫や、会社員のひとり親が亡くなった場合は、「妻」または「子ども」は遺族厚生年金も受け取れます。この年金は、子どもの有無は関係ありません。

この計算の対象者	●会社員の妻で子どもがいない30歳未満の人 ➡ 以下のⒶの計算式へ ●会社員の妻（上記以外の人）➡ 以下のⒷの計算式へ ●18歳以下の子どもがいる会社員のひとり親 ➡ 以下のⒸの計算式へ

※夫やひとり親が自営業の人は計算の必要がない。
※遺族厚生年金の計算は複雑なため簡素化した式。
※要件を満たせば夫の受給も可能。自分の老齢厚生年金との併給は不可。
※夫が公務員の場合はもう少し多い「遺族共済年金」が支払われるが、便宜上この式で計算。
※［手取り月収］とは、社会保険料や税金を差し引かれた、毎月銀行に振り込まれる給料の手取り額のこと。

Ⓐ 会社員の妻で子どもがいない30歳未満の人 が受け取る夫の遺族厚生年金額

［夫の手取り月収］ ¥ ×1.4×5年＝② ¥

Ⓑ 会社員の妻（上記以外の人）が受け取る夫の遺族厚生年金額

［夫の手取り月収］ ¥ ×1.4×［妻が65歳になるまでの年数］ 年 ＝
③ ¥

［夫の手取り月収］ ¥ ×1.4×22年（妻が65歳〜87歳までの年数）＝
④ ¥

※あとで生命保険の種類を選ぶ時に役立つので③と④を分けて計算する。
※87歳とは、2020年時点の女性の平均寿命年齢。

Ⓒ 会社員のひとり親で18歳以下の子ども が受け取る親の遺族厚生年金額

［親の手取り月収］ ¥ ×1.4×［末子が18歳になるまでの年数］ 年 ＝
⑤ ¥

③妻の老後の年金を計算

妻が老後に受け取る、老齢基礎年金と老齢厚生年金を計算しますが、老齢基礎年金は女性の平均寿命年齢から算出し、一律1,716万円とします。

老齢厚生年金は、妻自身が今も会社員の人、もしくは会社員の経験がある人だけ計算してください。

年金は複雑なのでここでは概算式で計算しますが、もう少し正確な金額が知りたければ日本年金機構のホームページにある「ねんきんネット」から試算できます。

◆「ねんきんネット」利用方法

日本年金機構のホームページ（https://www.nenkin.go.jp/）にアクセスして以下の手順にそって登録すると年金見込額が試算できます。

❸
「ねんきん定期便」等が手元になく、アクセスキーがわからない人は「アクセスキーなし」をクリック

❹
基礎年金番号・氏名・生年月日などの必要事項を入力

❺
申し込み後5日程度で、ユーザーID を知らせるハガキが届く

この計算の対象者	●すべての妻 ➡ 以下のⒶの計算式を参照 ●会社員の経験がある・現在会社員である妻 ➡ 以下のⒶの計算式を参照し、Ⓑの計算を行う ※子どもの有無は関係ない。 ※ひとり親は計算の必要がない。

A 妻 の老齢基礎年金額

老齢基礎年金78万円×22年(妻が65歳～87歳までの年数)=⑥ ¥ 17,160,000

※ 87 歳とは、2020 年時点の女性の平均寿命年齢。

B 会社員の経験がある・現在会社員である妻 の老齢厚生年金額

ア 初任給～2003年3月までの月収の平均額 ¥ ×0.007×

2003年3月までの老齢厚生年金加入月数 か月 = ア ¥

イ (2003年4月~現在までの月収の平均額 ¥ +

ボーナスの年間総額の $\frac{1}{12}$ ¥)× 0.005 ×

2003年4月~現在の老齢厚生年金加入月数 か月 = イ ¥

(ア＋イ) ×22年 (妻が65歳～87歳の年数) =⑦

※ 2003 年3月以前は会社員でない場合は、アは計算しない。
※この計算は現在までの給料に対する老齢厚生年金額の簡単な概算式。
※月収は税金や社会保険料が引かれる前の給料額。手取り額ではない。
※ボーナスも同じく、税金や社会保険料等が引かれる前の金額。
※給与明細がなく詳細が不明の場合は、記憶をたどり概算で出す。

④会社員の妻の中高齢寡婦加算を計算

会社員の夫が死亡し一定の条件を満たすと、妻は65歳になるまで遺族厚生年金に加算される「中高齢寡婦加算（ちゅうこうれいかふかさん）」が受け取れます。ちなみに逆パターンで、会社員の妻が死亡した場合は、夫にこの加算はありません。

中高齢寡婦加算の支給要件は、非常に複雑で理解するのがむずかしいので、本書では簡素化しています。以下の要件を満たす可能性がある場合だけ計算してください。

この計算の対象者

- **次の2項目すべてに該当する会社員の妻** ➡ 以下の計算式へ
  夫が現時点で20年間以上、厚生年金に加入している
  妻の年齢が現時点で40歳以上65歳未満である

※ひとり親は対象ではない。
※子どもの有無は関係ない。ただし遺族基礎年金との併給は不可。

●会社員の妻 の中高齢寡婦加算金額

58万5,000円×[子どものいない妻は現時点〜65歳までの年数]

[子どものいる妻は末子が18歳〜妻65歳までの年数] [　　年] =⑧ [¥　　　]

※百円以下切り捨て。

こんな場合はどうすればいいの？ Q & A

Q1 遺族基礎年金や老齢基礎年金など、「遺族」と「老齢」の違いがわからず混乱します……

A たとえば夫が亡くなった場合、当然、夫自身は年金を受け取ることができません。その代わりに残された家族に支給される夫の年金のことを遺族基礎年金や、遺族厚生年金といいます。名称に老齢と付く年金は、年金保険料を納めてきた本人が受け取ることができる年金のことです。

⑤会社からの保障を計算（死亡退職金、弔慰金など）

会社員が死亡した場合は、ある程度の企業に勤めていれば、数百万円～ 1,000 万円台くらいの死亡退職金や弔慰金を受け取れることが多くあります。多くの企業は、従業員の福利厚生や退職金、従業員が亡くなった場合の遺族の生活保障に備えて、企業向けの保険に加入しているからです。

聞きづらいと思いますが、会社からもらえるお金は大きな割合を占めるので、「保険を見直しているので」と会社の総務部などに尋ねてみましょう。また、会社の就業規則に掲載している場合もあるので、まずは就業規則を確認するのもいいでしょう。

この計算の対象者	● **会社員の妻・会社員のひとり親** ➡ 以下の記入欄へ

●**会社**からの保障金額

死亡退職金、弔慰金などの合計金額⑨ 

次のページにつづく ➡

Q2 ④の中高齢寡婦加算について、詳しく教えてください

A たとえば会社員の夫が亡くなった時に、18歳以下の子どもがいれば遺族基礎年金と遺族厚生年金が支給されます。しかし、その子どもが高校を卒業してしまうと遺族基礎年金の支給はなくなります。そうなると、残された妻が65歳になって自分の年金を受け取れるまでの期間は、遺族厚生年金のみになり、年金額が大きく減ってしまいます。その空白の期間を埋めるのが中高齢寡婦加算です。

⑥妻の収入と、わが家の資産を計算（ひとり親は資産のみ計算）

妻の予想生涯収入と、現在家庭にある預金や実物資産などの資産総額を計算します。

現在は働いていないが、夫に万一のことがあったら働く予定という妻は、ここで収入を計算してください。たとえば、子どもが大学を卒業するまでの期間だけパートで収入を得るなどでも目標給与額を記入しておきましょう。

現金や不動産などの実物資産、株券などは、現在のレートで現金に換算した場合の金額を記入。年金基金や民間の個人年金は契約書の年金額を、確定拠出年金は送られてくる「お取引状況のお知らせ」などを確認して、わかる範囲で記入してください。

この計算の対象者	●**妻** ➡ 以下のⒶとⒷの計算式へ ●**ひとり親** ➡ 以下のⒷの計算式へ

Ⓐ妻の予想生涯収入の額

[予想年収] ¥　　　　×[これから妻が働く予想勤労年数]　　年 =

⑩ ¥

※ひとり親は計算の必要はない。働く予定がなければ未記入。

Ⓑわが家の資産の総額

●教育費以外の預金額、個人年金、実物資産などの総額⑪ ¥

※教育費を別に預金していない人は、預金額をすべてこの⑪に入れる。
※預金・株券等の金融資産、実物資産、個人年金、年金基金、確定拠出年金など。

●教育費用の預金額⑫ ¥

●学資保険の満期金額⑬ ¥

※学資保険は、医療特約など教育費以外の特約は含めない。

●前夫からの支援（教育費・慰謝料の残額）⑭ ¥

「一生分の収入」の計算はこれで終了です お疲れ様でした！①〜⑭の合計額を下に記入しましょう。

※妻が会社員の場合

会社員の経験がある妻や、現在会社員である妻の場合は、「会社員の妻（上記以外の人）が受け取る夫の遺族厚生年金額」（P.43の④）と、「会社員の経験がある・現在会社員である妻の老齢厚生年金額」（P.45の⑦）の両方の計算をしました。

しかし、厚生年金は、どちらか１つしか受け取れないので、金額が大きいほうを選んで一生分の収入の総額に加えてください。

「一生分の収入」の総額：①〜⑭の合計額

¥

Q3 今住んでいる持ち家は「資産」に加えるべきですか？

A 必要保障額の算出で、「わが家の資産の総額」(P.48)を計算する時に、持ち家の人であれば、今住んでいる家を資産に含めるかどうか迷うかもしれません。

万が一の時、その家を売却する予定がなければ、持ち家の売却額は資産に加えないで計算するのが賢明でしょう。実際に今住んでいるわけですから、そうそう簡単に売却して出ていくわけにもいかないのが現実だと思います。今住んでいる家以外に土地や建物がほかにあり、売却できる場合は計算に入れるとよいでしょう。

もしもの時、家族が必要なお金を計算

一生分の支出とは？

一家の経済的な大黒柱が亡くなった時、残された家族がいくらぐらいお金が必要なのかを把握しておくことが、生命保険を選択する際に必要不可欠となります。

先ほどのステップ２で計算した「一生分の収入」が万一の時にもらえるお金と現在の貯蓄等であるのに対し、ここで計算する「一生分の支出」とは、生活費や住宅費、教育費など、残された家族が生活していくために必要なお金を調べます。

計算の順番は、①残された家族の生活費 ➡ ②子どもの教育費 ➡ ③住宅関連の費用 ➡ ④葬儀に関する費用 です。最後に、「保険で備える死亡保障額」がわかります。

①残された家族の生活費を計算

ステップ１で節約アイデアを出し生活費を削減しましたが、その見直し後の数字（P.39）を使い、遺族の生活費を計算します。

対象者ごとに２〜３種類の計算をします。このように細かく計算するのは、子どもの独立などライフシーンの変化で家庭の生活費が変動するためです。詳細な計算の結果、現実的な保障額がわかり、ムダのない保険を選ぶことができます。少し手間ですが、保障額を少なくし保険料を抑えるのに必要な計算なので、がんばりましょう！

この計算の対象者

- **22歳以下の子どもがいる妻** ➡ 次のⒶ・Ⓑ・Ⓒの計算式へ
- **22歳以下の子どもがいるひとり親** ➡ 次のⒶの計算式へ
- **子どもがいない・子どもが全員22歳以上の妻** ➡ 次のⒹ・Ⓔの計算式へ

※ 22歳は大学を卒業し独立する年齢を想定。

●22歳以下の子どもがいる妻
が生涯必要な生活費（A・B・Cを計算）

●ひとり親で22歳以下の子ども
が独立するまで必要な生活費（Aのみ計算）

A：[現在の月の生活費（P.39の見直し後の金額）] ¥ ×0.7×12か月×

[末子が22歳になるまでの年数] 年 =① ¥

B：[現在の月の生活費（P.39の見直し後の金額）] ¥ ×0.5×12か月×

[末子22歳（就職後）～妻65歳の年数] 年 =② ¥

C：[現在の月の生活費（P.39の見直し後の金額）] ¥ ×0.5×12か月×

22年（妻が65歳～87歳の年数）=③ ¥

●子どもがいない・子どもが全員22歳以上の妻
が生涯必要な生活費（D・Eを計算）

D：[現在の月の生活費（P.39の見直し後の金額）] ¥ ×0.5×

12か月×[妻が現在～65歳の年数] 年 =④ ¥

E：[現在の月の生活費（P.39の見直し後の金額）] ¥ ×0.5×

12か月×22年（妻が65歳～87歳の年数）=⑤ ¥

②子どもの教育費を計算

現在の子どもの年齢（学年）から、最終学校を卒業するまでの教育費を計算します。

公立・私立・国立など進学先を予測して、以下に掲載した学費の統計データを参考にして教育費を合計します。

進学先の見当がつかない場合は、小・中学校は公立、高校は私立、大学は私立理系あたりで計算しておくといいでしょう。

なお、2019年10月から、3歳～5歳児クラスの幼稚園・保育所・認定こども園等の利用料が無償になりました。0歳～2歳児クラスは住民税非課税世帯のみ無償です。認可外保育施設や幼稚園の預かり保育などで条件がありますので、詳しくは内閣府のホームページや、お住まいの地域の情報を基に年間保育料を計算してください。

この計算の対象者	●子どもが最終学校を卒業していない妻・ひとり親 ➡ 次の計算式へ ※現在子どもがいない人は、子どもを持つ予定があっても計算は必要ない。

●小学校～高校の年間教育費

学校	公立	私立
小学校	32万円	160万円
中学校	49万円	141万円
高校	46万円	97万円

●国立大学の年間授業料等

入学料	28万円（初年度のみ）
授業料	54万円（施設設備費はない）

●私立大学の年間授業料等

学部	入学料（初年度のみ）	授業料（施設設備費を含む）
文化系	23万円	94万円
理科系	25万円	129万円
医歯系	107万円	375万円
その他	26万円	119万円

【出典】（いずれも千円台を四捨五入）
●小学校～高校：文部科学省「平成30年度子供の学習費調査」を基に作成。
●国立大学：文部科学省資料「国立大学と私立大学の授業料等の推移」（国が示す標準額）を基に作成。
●私立大学：文部科学省「平成30年度私立大学入学者に係る初年度学生納付金平均額（定員1人当たり）の調査結果について」を基に作成。

※小学校～高校は、給食費・学校外活動費（塾・部活等）を含む。
※国立・私立大学は、検定料（入試費用）・通学費・住宅費・生活費等は含まない。

●子どものこれからかかる教育費の残高

(小学校以下の年間保育料 ¥ × 年)+

(小学校の年間教育費 ¥ × 年)+

(中学校の年間教育費 ¥ × 年)+

(高校の年間教育費 ¥ × 年)+

大学入学料 ¥ +

(大学の年間授業料 ¥ × 年)=

子ども1人当たりの教育費 ¥

全員分の教育費の合計額⑥ ¥

※「年」は現在から残りの学年数を記入。

次のページにつづく ➡

こんな場合はどうすればいいの？ Q & A

Q 子どもの教育費は、左ページの資料を元に計算するだけで大丈夫でしょうか？年々上がっていくのではないでしょうか？

A 私立の場合は、学校ごとに費用が異なり将来上がる可能性もあります。左ページの資料の金額は、文部科学省が2018年度に発表した資料であり、あくまでも平均値です。子どもがまだ小さく、将来の教育費の値上がりが心配な場合は、少し高めに設定しておくと良いでしょう。低く設定することは避け、高く設定することで教育費の値上がりリスクに対処できます。国公立の場合は、左ページの資料の金額で計算しておいてもほとんど問題はないでしょう。なお、国立大学の年間授業料等に関しては、2005年度からまったく変わっていません。

③住宅関連の費用を計算

夫やひとり親が死亡したあとの、住宅に関する家賃や維持費、固定資産税などを計算します。

今、賃貸物件に住んでいる人は、夫などが死亡したあとは、家賃が安い物件に引っ越すと想定することで保障額を抑えることができます。住宅費は毎月高額な費用となるため、検討するのに値する費用です。

持ち家で住宅ローンの債務者が夫やひとり親の場合、基本的にローン残高をこの計算に加える必要はありません。住宅ローンの契約者が死亡や高度障害の状態になった場合、団体信用生命保険に加入していれば、貸主（銀行など）に残債が支払われるからです。なお、年間維持費や固定資産税、都市計画税などはかかるので、維持費や税金はわかる範囲で計算に入れておきましょう。

この計算の対象者	●**すべての妻** ➡ Ⓐ・Ⓑ両方の計算式へ ●**ひとり親** ➡ Ⓐの計算式へ

●**残された家族** が必要な住宅関連の費用

A：[年間の家賃・維持費・固定資産税などの費用] ¥　　　　×

[妻が現在～65歳までの年数] または [ひとり親は末子が22歳になるまでの年数]

　　年 =⑦ ¥

B：[年間の家賃・維持費・固定資産税などの費用] ¥　　　　×

22年（妻が65歳～87歳までの年数）=⑧ ¥

④葬儀に関する費用を計算

通夜・葬儀・初七日・四十九日など葬儀に関する費用の平均額は、日本消費者協会の調査によると約200万円とされていますが、地域性もあるので、インターネットで「(現住所の) 市区町村名」「葬儀費用 平均」などの検索キーワードを入力して調べるとある程度の費用が予測できます。

なお、香典は葬儀費用の総額に対して30%ぐらい集まることが多いようです。香典の半分を香典返しに使っても、残り15%ぐらいは葬儀費用に充てることができます。

葬儀費用が予測できない人は、全国平均の200万円から15% (香典の総額－香典返し費用) を引いた170万円を記入しましょう。

この計算の対象者	●**妻・ひとり親** ➡ 以下の記入欄へ ※ひとり親は自分の葬儀費用として計算。

●**夫・ひとり親** の葬儀で必要な金額

⑨ ¥

※予測できない人は 170 万円にする。

次のページにつづく ➡

葬儀にまつわる費用の内訳

葬儀費用総額：¥2,620,000 ※百円以下切り捨て。参列者 89 人。

●**通夜** 総額 ➡ ¥245,000
お布施 ➡ ¥50,000　食事 ➡ ¥140,000
お坊さんの3日分のお車代 ➡ ¥30,000
火葬代 ➡ ¥25,000

●**葬儀** 総額 ➡ ¥1,879,000
枕経 ➡ ¥30,000　法名料 ➡ ¥80,000
お布施 ➡ ¥300,000
葬儀一式 ➡ ¥1,469,000

●**初七日** 総額 ➡ ¥235,000
お布施 ➡ ¥50,000　お供え菓子 ➡ ¥5,000
膳（食事）・菓子 ➡ ¥180,000

●**四十九日** 総額 ➡ ¥261,000
お布施 ➡ ¥50,000　お供え菓子 ➡ ¥5,000
膳（食事）・菓子 ➡ ¥206,000

●香典の総額 ¥1,251,000 － 香典返し費用 ¥514,000 ＝ 余ったお金 ¥737,000
●葬儀費用総額 ¥2,620,000 － 余ったお金 ¥737,000 ＝ 葬儀費用の実費分 ¥1,883,000

保険金はすぐに受け取ることができないので、預金等で準備しておくべき金額

「一生分の支出」の計算はこれで終了です
お疲れ様でした！①〜⑨の合計額を下に記入しましょう。

「一生分の支出」の総額：①〜⑨の合計額

¥

必要保障額の総額

ステップ２で出た「一生分の収入」と、上記の「一生分の支出」を以下の計算式に当てはめると、我が家に必要な「保険で備える死亡保障額」が計算できます。

「一生分の収入」(P.49) ¥ −

「一生分の支出」(P.56) ¥ ＝

保険で備える死亡保障額 ¥

（マイナスで算出）

計算式を選び、保障額を配分します

必要な生命保険は2～3種類

お勧めする生命保険は、収入保障保険・定期保険・終身保険の3種類です。

このステップでは3種類の保険の大まかな特徴を知り、前ページで算出した「保険で備える死亡保障額」を各保険に振り分ける計算をします。

家族構成によって、必要な保険の種類と、その保険の保障額がわかる計算式をP.60以降に掲載しています。子どもの有無などによっては、3つ全部の保険が必要な場合と、2つでいい場合があります。

以下に3つの保険の特徴を紹介しますが、次の第3章でさらに詳しく解説していますので、ここでは特徴を捉える程度の理解で大丈夫です。

では、さっそく見ていきましょう。

◆収入保障保険

収入保障保険で用意するのは、遺族の生活費の不足分です。

生活費は、子どもが自立すれば少なくなり、ひとり親家庭では子どもの自立により必要なくなります。また、子どもがいない家庭は、妻が自分の年金を受け取る前までの生活費が保障されればいいわけです。

収入保障保険は、時間の経過とともに保障額が減少していく仕組みなので、遺族の生活費の保障にマッチした保険です。

生活費を保障するという側面から、基本的に保険金は一括ではなく、毎月事前に設定した金額を分割して受け取るという特徴をもっています。

また、掛け捨てで、3つの保険の中で、保障額に対して一番保険料が安いのもポイントです。

◆**定期保険**

定期保険で用意するのは、夫やひとり親に万一のことがあった時に備える、子どもの教育費の不足分です。

教育費は、子どもが学校を卒業するまでの期間だけ必要なお金です。そのため、在学期間だけ安い保険料で大きな保障が得られる、掛け捨ての定期保険がお勧めです。

夫やひとり親が死亡した場合に、学資保険（詳しくはP.84）や、教育費用の預金だけでは足りない教育費を、定期保険で準備します。

したがって、子どもがいない夫婦や、すべての子どもが独立した家庭は必要ありません。

なお、収入保障保険で教育費を準備するという方法もありますが、本書では定期保険で準備する方法を紹介します。

◆**終身保険**

終身保険で主に用意するのは、一般的には夫の葬儀費用、ひとり親家庭では親の葬儀費用になります。

この保険はほかの２つと違い、掛け捨てではないので貯蓄性があります。

夫に万一のことが起きなければ、夫婦の老後資金の一部になります。

もし、夫が亡くなった場合は、それまでの医療費の補填や妻の老後資金にもできます。

また、夫が元気であれば満期を過ぎた時に解約し、その解約返戻金を趣味や旅行などに使うこともできます。

死亡保険金として、あるいは満期後に解約したとしてもある程度まとまったお金が受け取れるので、用途の幅が広い保険です。

保険料は、ほかの２つに比べて割高になります。

家族タイプを選ぶ

次のページから、必要な保険の種類と保障額が、家族構成によってわかる計算式を用意しました。

ステップ2（P.49）と、ステップ3（P.56）で割り出した数字を計算式に転記していくことで、3つの生命保険のうち種類ごとに必要な保障額を知ることができます。

まず、次のA～Dのタイプから、わが家にあてはまるタイプを1つ選んでください。

4つの家族タイプ

A タイプ

夫、妻、18歳以下の子どもがいる家族 ➡ P.60へ

B タイプ

ひとり親で18歳以下の子どもがいる家族 ➡ P.62へ

C タイプ

夫、30歳以上の妻、子どもがいない・子どもが18歳以上の家族 ➡ P.64へ

D タイプ

妻が30歳未満で、子どもがいない夫婦 ➡ P.66へ

次のページから「保険で備える死亡保障額」（必要保障額の総額）を収入保障保険・定期保険・終身保険に振り分ける計算をしていきます。

※計算の注意点

夫婦の場合は夫の死亡、ひとり親の場合は親の死亡に備える計算をします。

計算項目は自分が該当するところだけ記入してください。たとえば、自営業の妻だと遺族厚生年金額はそもそも計算をしていないので飛ばしてください。

Aタイプ 夫・妻・18歳以下の子どもがいる家族

保障額を、収入保障保険・定期保険・終身保険に振り分けるといいでしょう。

Aタイプ：収入保障保険 で必要な保障額

●夫の遺族基礎年金額〔P.41の①〕 ¥

●夫の遺族厚生年金額のうち、妻が65歳になるまでの金額〔P.43の③〕 ¥

●会社員の妻の中高齢寡婦加算金額〔P.46の⑧〕 ¥

●妻の予想生涯収入の額〔P.48の⑩〕 ¥

【一生分の収入】4項目合計ア ¥

●生活費の金額〔P.51の①+②〕 ¥

●住宅関連の費用〔P.54の⑦〕 ¥

【一生分の支出】2項目合計イ ¥

保障額の総額（マイナスで算出）

(ア ¥ − イ ¥) ÷

妻の現在～65歳までの年数 年 ÷

12か月 = ¥ ⬅1か月に必要な保障額

Aタイプ: 定期保険 で必要な保障額

●教育費用の預金額〔P.48の⑫〕 ¥

●学資保険の満期金額〔P.48の⑬〕 ¥

【一生分の収入】2項目合計ウ ¥

●子ども全員分の教育費〔P.53の⑥〕

【一生分の支出】1項目合計エ ¥

ウ ¥ − エ ¥

= ¥ ⬅必要な保障額（マイナスで算出）

Aタイプ: 終身保険 で必要な保障額

保険で備える死亡保障額〔P.56〕 ¥ −

収入保障保険の保障額総額 ¥(ア−イ) −

定期保険の保障額 ¥(ウ−エ) =

¥ ⬅必要な保障額（通常プラスで算出）

※記入する金額はすべてマイナスを取る。

Bタイプ ひとり親で18歳以下の子どもがいる家族

保障額を、収入保障保険・定期保険・終身保険に振り分けるといいでしょう。

Bタイプ：収入保障保険で必要な保障額

●親の遺族基礎年金〔P.42の①〕¥

●親の遺族厚生年金〔P.43の⑤〕¥

【一生分の収入】2項目合計ア ¥

●生活費の金額〔P.51の①〕¥

●住宅関連の費用〔P.54の⑦〕¥

【一生分の支出】2項目合計イ ¥

保障額の総額（マイナスで算出）

（ア ¥ − イ ¥ ）÷

[末子が22歳になるまでの年数] 年 ÷12か月 =

¥ ←1か月に必要な保障額

Bタイプ：定期保険で必要な保障額

●教育費用の預金額〔P.48の⑫〕 ¥

●学資保険の満期金額〔P.48の⑬〕 ¥

●前夫からの支援（教育費・慰謝料の残額）〔P.48の⑭〕 ¥

【一生分の収入】3項目合計ウ ¥

●子ども全員分の教育費〔P.53の⑥〕

【一生分の支出】1項目合計エ ¥

ウ ¥ − エ ¥

= ¥ ←必要な保障額（マイナスで算出）

Bタイプ：終身保険で必要な保障額

保険で備える死亡保障額〔P.56〕 ¥ −

収入保障保険の保障額総額 ¥（ア−イ） −

定期保険の保障額 ¥（ウ−エ） =

¥ ←必要な保障額（通常プラスで算出）

※記入する金額はすべてマイナスを取る。

Cタイプ 夫、30歳以上の妻、子どもがいない・子どもが18歳以上の家族

大学生など独立していない子どもがいる場合は、保障額を 収入保障保険 ・ 定期保険 ・ 終身保険 に振り分けましょう。

子どもがいない、あるいはすべての子どもが独立している場合は、定期保険は必要ないので、保障額を、収入保障保険 ・ 終身保険 に振り分けます。

【すべての家族が対象】Cタイプ：収入保障保険 で必要な保障額

- 夫の遺族厚生年金額のうち、妻の65歳までの金額〔P.43の③〕 ¥
- 会社員の妻の中高齢寡婦加算金額〔P.46の⑧〕 ¥
- 妻の予想生涯収入の額〔P.48の⑩〕 ¥

【一生分の収入】3項目合計ア ¥

- 生活費の金額（以下のどちらかを計算）
  - 子どもが22歳以下の場合〔P.51の①+②〕 ¥
  - 子どもがいない・子どもが全員22歳以上の場合〔P.51の④〕 ¥
- 住宅関連の費用〔P.54の⑦〕 ¥

【一生分の支出】2項目合計イ ¥

保障額の総額（マイナスで算出）

（ア ¥　　　－ イ ¥　　　）÷

妻の現在～65歳までの年数　　　年 ÷12か月 ＝

¥　　　←1か月に必要な保障額

【独立前の子どもがいる】Cタイプ：定期保険で必要な保障額

※子どもがいない・全員独立した場合は、定期保険は必要ない。

●教育費用の預金額〔P.48の⑫〕 ¥

●学資保険の満期金額〔P.48の⑬〕 ¥

【一生分の収入】2項目合計ウ ¥

●子ども全員分の教育費〔P.53の⑥〕

【一生分の支出】1項目合計エ ¥

ウ ¥ － エ ¥ ＝

¥ ⬅必要な保障額（マイナスで算出）

【独立前の子どもがいる】Cタイプ：終身保険で必要な保障額

保険で備える死亡保障額〔P.56〕 ¥ －収入保障保険の保障額

総額 ¥（ア－イ） －定期保険の保障額 ¥（ウ－エ）

＝ ¥ ⬅必要な保障額（通常プラスで算出）

※記入する金額はすべてマイナスを取る。

【子どもがいない・全員独立した】Cタイプ：終身保険で必要な保障額

保険で備える死亡保障額〔P.56〕 ¥ －

収入保障保険の保障額総額 ¥（ア－イ） ＝

¥ ⬅必要な保障額（通常プラスで算出）

※記入する金額はすべてマイナスを取る。

Dタイプ 妻が30歳未満で、子どもがいない夫婦

保障額を、収入保障保険・終身保険に振り分けるといいでしょう。このタイプは定期保険は必要ありません。子どもを持つ予定でも、今は預金に専念するのがお勧めです。

Dタイプ：収入保障保険 で必要な保障額

- 夫の遺族厚生年金〔P.43の②〕 ¥
- 妻の予想生涯収入の額〔P.48の⑩〕 ¥

【一生分の収入】2項目合計ア ¥

- 生活費の金額〔P.51の④〕 ¥
- 住宅関連の費用〔P.54の⑦〕 ¥

【一生分の支出】2項目合計イ ¥

保障額の総額（マイナスで算出）

（ア ¥　　－ イ ¥　　）÷

妻の現在～65歳までの年数　　年 ÷12か月 ＝

¥　　⬅1か月に必要な保障額

Dタイプ：終身保険 で必要な保障額

保険で備える死亡保障額〔P.56〕 ¥　　－

収入保障保険の保障額総額 ¥(ア－イ)　　＝

¥　　⬅必要な保障額（通常プラスで算出）

※記入する金額はすべてマイナスを取る。

ライフプランに合った保険を選びましょう

計算結果は、必要最低限の保障額

収入保障保険や定期保険は掛け捨てのため、ムダなお金を払うように感じるかもしれませんが、本書のオリジナル計算式は、必要最低限の保障額が計算されるようになっています。

もし、今保険に加入している人であれば、契約中の保険と比べて保障額の少なさに驚かれたことでしょう。教育費用の預金をしっかり準備している家庭だと、定期保険の保障額は非常に低額か、必要がないという結果が出たことでしょう。

もちろん算出された保障額どおりに、保険を用意できるのがベストではありますが、それぞれの家庭の事情やタイミングと相談しながら決めてもいいでしょう。

保険を選ぶポイント

保険を選ぶ時は、保障内容や条件がほとんど同じであれば、保険料がもっとも安い商品を選ぶことです。

選択の際には、保険会社の経営状態（詳しくはP.14）も忘れずに確認しておきましょう。また、保険会社の倒産リスクが心配な場合は、保険会社を２社に分けて加入する方法（詳しくはP.18）もあります。

もちろん、算出した保障額どおりか、その近似値の保障額の商品を選ぶのが一番ムダなく理想の形です。とはいえ、現在の家庭の事情やタイミングでそうもいかないことがあるでしょう。

たとえば、今は子どもにお金がかかる時期なので、定期保険を重視して、後々老後資金も兼ねて終身保険の保障を厚くするという判断もアリです。

保障額の総額を基に帳尻を合わせていけば、ムダな保険に入るリスクを抑えることができます。

保険を選ぶ基準～事例家族の場合

保険を選ぶ時の基準を、事例の家族のデータを基に詳しく説明していきます。

事例の家族構成

夫
40歳、
会社員

妻
38歳、
専業主婦

長女
14歳、
中学２年生

長男
10歳、
小学５年生

事例家族が選んだ保険

保険の種類	計算結果の保障内容	実際に選んだ保険の保障内容	
収入保障保険	月額４万5,000円	月額５万円	保障期間：65歳まで
定期保険	1,600万円	1,800万円	保障期間：10年間
変額終身保険※	950万円	500万円	保障期間：終身

※変額終身保険は、終身保険の変額型。

保険選択の解説

収入保障保険

収入保障保険は、月額の最低保障額が５万円なので、計算で出た保障額は４万5,000円だが、５万円の月額保障にした。保険期間は、夫が65歳になるまで

定期保険

子どもが高校入学～大学卒業の短期間だけ、定期保険に加入することにした。
具体的には、末子の長男が大学を卒業する22歳になるまでの約10年間（実際は12年間）、死亡保障 1,800万円で、10年の定期保険に加入。計算結果の保障額は1,600万円だが、10年保障では２年分不足することや、子どもの浪人、留年リスクも考慮し200万円高い保障額にした

変額終身保険

現時点では、変額終身保険（終身保険の変額型）で死亡保障500万円に加入。計算結果より450万円も少ない保障額にしたのは、夫が健康で長生きした場合は、掛け捨ての収入保障保険や定期保険では保険金が受け取れないので、子どもの教育費、夫婦の老後資金が必要になる。今は教育費がかかる時期なので、保険料を抑えてその分預金や投資などにお金を回すことにした

保険料の考え方

毎月、年を取っても若い時と同じ額の保険料を払っていくのは大変です。子どもが独立したあとは、自分たちの老後資金を貯める必要があるので、そのころには保険料が少なくなっていることが理想です。

たとえば、定期保険だと、10年など契約期間が過ぎるころに更新のお知らせがきます。その際つい更新してしまうと、さらに10年間保険料を払うことになります。

定期保険は万一の時、子どもの学費の不足分を補うために加入したことを思い出し、子どもが独立しているのであれば安易な更新は控えましょう。

また、収入保障保険と終身保険の払込期間をずらしておくと、支払いの負担を減らすことができます。

事例家族の保険料

前ページの事例家族が選んだ保険を見ながら、保険料について詳しく説明します。

事例家族の保険料

保険の種類	保障内容	払込期間	月額保険料	支払いの総額
収入保障保険	月額5万円	65歳まで	3,000円	90万円
定期保険	死亡1,800万円	10年	4,000円	48万円
変額終身保険	死亡500万円	60歳まで	1万3,000円	312万円

●**月々の総額：**2万円（加入時）　●**支払総額の合計：**450万円
※保険料は実際の金額を簡略化。
※加入者（夫）は喫煙者の設定。非喫煙者であれば保険料はもう少し安い。

月々の保険料の合計は2万円ですが、定期保険が満期になる10年後（夫50歳）は、月の保険料が1万6,000円に、さらに夫が60歳になると変額終身保険の支払いがなくなるので月々の保険料は3,000円というように、支払額は徐々に減っていきます。

3つの保険の支払総額は450万円になりますが、死亡保障500万円の変額終身保険に加入しているため、夫の死亡時には最低でも50万円多い（500万円－450万円）保障額を受け取れます。

変額終身保険の運用が上手くいけば死亡保険金だけでなく解約返戻金も増える可能性があるので、元気に老後を迎えた場合、夫自身も解約時の楽しみがあります。

これで、万が一の時に安心な死亡保障と老後資金の一部を用意できたわけです。

変額終身保険については、このあとの第3章P.80で詳しく紹介しています。

預金や投資も必要

保険は、経済的な大黒柱が早い段階で亡くなった場合のリスク対策です。

確率的にいうと、元気に老後を迎える人のほうが多いのはいうまでもありません。収入保障保険や定期保険は掛け捨てなので、夫やひとり親がずっと元気であれば、基本的に１円も保険金を受け取ることはできません。

つまり、保険に入っている安心感からつい忘れがちですが、老後の生活費などの貯蓄は保険に入っていても進めておかなければいけないということです。

だからこそ保障額を必要最低限まで抑えて、保険料を少しでも少なくし、その分を預金や投資に回しておく必要があるのです。

わが家の保障額を書く

事例家族を参考に、P.60 ～ P.66 で算出した数字を基にして今考えている大まかな保障額を書いておきましょう。

まだこの段階では保険料まで決める必要はありません。次の第３章では、入ってもいい生命保険やダメな生命保険、また、加入時のテクニックや判断の仕方などを解説しています。保険料は、第３章を読んで具体的に保険商品を選択していく中で決めていきましょう。

		決めた保障額
収入保障保険	払込終了年齢：	月額：
定期保険	必要年数：	
終身保険	払込終了年齢：	

第3章

入ってもいい生命保険、ダメな生命保険

わが家の保障額を基に、生命保険を選んでみましょう

- □前章で計算した保障額を参考にします
- □選ぶのは、収入保障保険・定期保険・終身保険
- □保険会社の“おいしい話”には乗らないように

保障額をどの生命保険で用意するか

前章の後半（P.60 ～ P.66）で、収入保障保険・定期保険・終身保険のそれぞれの保障額を算出したことを思い出してください。

本章の前半では、これらの保険について、筆者がお勧めする実際の商品を紹介しながら、各保険について詳しく解説しています。なお、各商品のすべての保障額までは掲載できないので、加入したい商品が見つかったら、保険会社のホームページから資料請求をするなどしてください。

解説の順番は、前章で算出した時と同じ ①収入保障保険 ➡ ②定期保険 ➡ ③終身保険です。③の終身保険は「変額終身保険」と「低解約返戻金型終身保険」の２種類あるので、加入はどちらか１つで結構ですし、加入しないという選択肢もアリです。

入ってはダメな生命保険

本章の後半では、年金保険など入ってはダメな生命保険がどういうタイプかを解説しています。今の保険を見直す意味も含めて読むといいでしょう。

この章の最後の節には、保険を解約しようか迷った時に役立つ簡単な計算式を載せています。生命保険を解約しようか？ と迷っている人も多いと思いますが、決して早まらないで慎重に！ という内容です。また P.92 には、気になる保険商品名・保障額・月額の保険料などを書き込みできる表があるので、活用してください。

本書で紹介する生命保険（死亡保障の保険）

掛け捨てで期間限定の保険		貯蓄を兼ねた保険		
定期型		終身型	定期型	個人年金型
収入保障保険 必要な生活費月額を一定期間保障 P.74	**定期保険** 一定額を期間限定で保障 P.77	**変額終身保険** 運用次第で保険金・解約返戻金が変動 P.80	**学資保険** 子どもの学費を貯めるのと、親の死亡を保障 P.84	**定額年金保険** 老後の生活資金 P.86
		低解約返戻金型終身保険 解約返戻金・保険料ともに安い P.82	**養老保険** 死亡保険金と満期金が同額 P.87 の脚注	**変額年金保険** 運用次第で年金額が変動 P.86
		定期付終身保険・アカウント型保険 複雑で加入しないほうがいい生命保険。終身型に定期保険を付けた変則型 P.88		

の色で囲ってある生命保険は、著者がお勧めする保険

終身型の保険について

終身型（貯蓄を兼ねた生命保険）は複雑で、たくさんの種類があります。前章までの終身保険の紹介では「一般的な終身保険」をベースに解説してきました。しかし、一般的な終身保険は、保険料が高く、支払う保険料の総額に対して受け取れる解約返戻金の割り合いが悪いため、本書ではお勧めできません。実際に自分で保険を選ぶ本章では、筆者がお勧めする「変額終身保険」と「低解約返戻金型終身保険」を紹介します。

保険を選ぶ時は、保険会社に惑わされない

具体的な商品を決めていない段階では、絶対に保険会社や代理店にコンタクトを取らないでください。どうしてかというと、せっかく自分でわが家に合う保障額を算出したのに、保険会社の都合のいいセールストークに流されて、高額な保障や、必要もない特約に加入させられてしまうかもしれないからです。

この本を読み終わるころには、自分で選択する力が十分付いています。まずは、この本を最後まで読み、自信を持ってムダのない保険を自分で判断して選びましょう。

遺族の生活保障にピッタリな保険です

- □メリットは、保険料が定期保険より割安なことです
- □デメリットは、年々保険金が減少することです
- □自営業者は、就業不能保障特約を付けるといいでしょう

収入保障保険の特徴

収入保障保険は、通常の定期保険（P.77）のように保険金を一括で受け取るのではなく、10万円や15万円といった金額を毎月分割で受け取る年金形式の保険です。年金と聞くと一見、老後の生活保障のようなイメージですが、保険金を受け取れるのは、あくまで保険期間中に死亡や高度障害状態になった時だけです。

保険料は定期保険より割安ですが、掛け捨てのため基本的に満期まで元気であれば手元に残るお金はないか、あってもごくわずかです。

保険料が割安な理由

収入保障保険は、定期保険や終身保険に比べて一番割安な、お財布にやさしい保険です。割安な理由は、保険金の仕組みに秘密があります。

収入保障保険の保険金は、死亡時の年齢が上がるにつれて受け取れる保険金の総額が減っていく仕組みなのです。保険期間中であれば、いくつで亡くなっても毎月の保険料の金額は変わりないので、言い換えると、死亡時の年齢で保険金の総額が決まるシステムということです。

たとえば、60歳満期の保険に加入している人が40歳で亡くなった場合は、残りの20年間保険金を受け取ることができます。

しかし、同じ条件でも50歳で亡くなった場合は、残り10年間しか保険金を受け取れません。満期近くに亡くなった場合、保険金の総額が少なくなるというわけです。

保険料が割安な理由は、このような仕組みにあるのです。

一見すると割に合わないと感じるかもしれませんが、多くの家庭は、子どもの成長に伴い教育費がかからなくなり、年を取っていくにつれ生活費は減っていくものです。安い保険料でライフスタイルに合った保障を得られる、合理的な保険だといえます。

貯蓄が少ない家庭や、夫の死亡時に夫の厚生年金を受け取れない自営業者（国民年金）の妻などにお勧めの保険です。

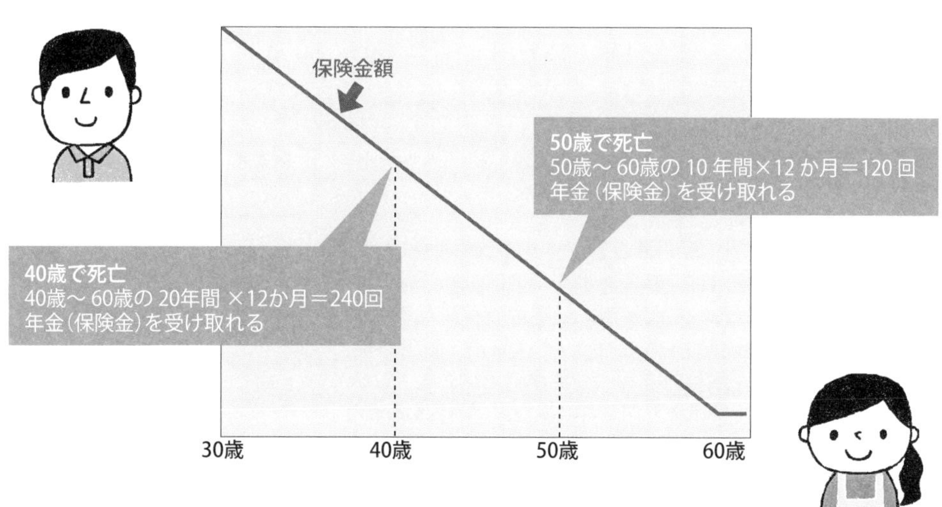

自営業者にお勧めの就業不能保障特約

会社員には、病気やケガで働けなくなった時に、給料の一部が健康保険から保障される制度（詳しくはP.126）がありますが、自営業者が加入する国民健康保険は、そのような制度はありません。

自営業者は、ケガや病気で働けなくなった時に備えて、収入保障保険に就業不能保障特約を付けることをお勧めします。

次のページの「お勧めの収入保障保険」で紹介している、チューリッヒ生命『収入保障保険プレミアムDX』は就業不能保障特約がある商品で、所定の病気や事故で働けなくなった時には、一定の期間、月々保険金を受け取れる保険です。

ベストな保険金の受け取り方法は、一括方式？ 年金形式？

「一括方式」では、保険金を契約者に一括で支払うことになるので、保険会社は保険金を運用に回すことができなくなる。そうすると、本来の運用益が出せなくなるので、保険金から差し引くことになる。受け取れる保険金総額から考えると「年金形式」のほうがおトクである。P.77で紹介する定期保険は、一括方式の保険。

お勧めの収入保障保険

保険商品の選択方法は、喫煙の有無や健康状態、保障内容を検討して、いくつかに商品を絞り込み、その中で一番保険料が安い商品を選択しましょう。

タバコを吸う人は、割引対象ではない「標準体」という区分になり、保険料は割高になります。

【●年齢：30歳男性　●年金月額：15万円　●保険期間：60歳満了】

収入保障保険名	特徴	月額保険料	
		喫煙者	非喫煙者
SOMPO ひまわり生命『じぶんと家族のお守り』	タバコを吸っていないこと、身長・体重によるBMI、血圧が一定の基準をクリアした場合に、健康体の４つの区分から選択できる。三大疾病で所定の状態になると保険料が免除される。七大疾病・就労不能保険料免除特約や無解約返戻金型メンタル疾患保障付き七大疾病保障特約もある	標準体 ￥3,855	健康体 ￥2,595
オリックス生命『KEEP（キープ）』	喫煙の有無や健康状態は問わない。タバコを吸う人向きの中で、保険料が安いので、お勧め商品。年金月額上乗特約や災害割増特約などもある。リビング・ニーズ特約※あり。30歳で加入すると、保険期間は55歳で満了	最低保証※ ５年で￥3,015	
三井住友海上あいおい生命『&LIFE 新収入保障』	健康優良割引に申し込めばさらに保険料が割安になる。年金の受け取りを、月々年金受取、一部一括受取、一括受取の３タイプから選べ、約款規定の特定疾病・障害の場合、新保険料払込免除の特約あり	最低保証※２年、特約なしのⅠ型で ￥4,050	
チューリッヒ生命『収入保障保険プレミアム DX』	過去１年以内の健康診断で血圧が最高129mmHg以下、最低84mmHg以下でかつ１年以上非喫煙であるか、ないかで保険料が大きく変わる。自営業者にお勧めな、就業不能保障付き。このほか、５疾病・ストレス性疾病で働けなくなった場合も年金が支給される	最低保証※ ２年で ￥9,500	非喫煙者優良体、最低保証※ ２年で￥7,315

※最低保証とは、保険金の受け取りが最低限保証される期間のこと。たとえば最低保証が１年であれば、保険期間が１年に満たなくても１年分の保険金は月々受け取れるという意味。
※リビング・ニーズ特約の説明はP.79 の脚注を参照。

定期保険　掛け捨てで、期間限定の生命保険

低コストで高保障。子育て家族にお勧めです

- □メリットは、割安な保険料で高い保障です
- □デメリットは、掛け捨てで保障が一定期間だけ
- □合理的な保険設計に向いています

定期保険は、シンプルでわかりやすい仕組み

定期保険は、10年間や20年間など一定期間に限り、死亡や高度障害状態になった時に保険金を一括で受け取れる、わかりやすい仕組みの保険です。前節で紹介した収入保障保険は年金形式、定期保険は一括方式といわれています。

定期保険には、10年間など年数で区切る「年満了」と、60歳までなど年齢で区切る「歳満了」という方法があります。

年満了は更新型となり、満期で更新すると保険料が上がって、契約時の保障が延長されます。歳満了よりは割安なため、年満了のほうが人気があります。

掛け捨てなので保険料は割安ですが、なにごともなければ基本的に手元に残るお金はありません。一見コストパフォーマンスが悪そうに見えますが、たとえば、10年間で1,000万円も預金できる人はまれですから「この10年間はどうしても1,000万円の死亡保障が必要だ！」という場合にマッチする、効率的な保険といえます。

子どもにお金がかかる、中学入学から大学卒業までの期間だけ加入したい人や、親に万一のことがあった時、学資保険と貯蓄だけでは心配という家庭にお勧めです。

【30歳男性が10年間、1,000万円保障の定期保険に加入した場合】

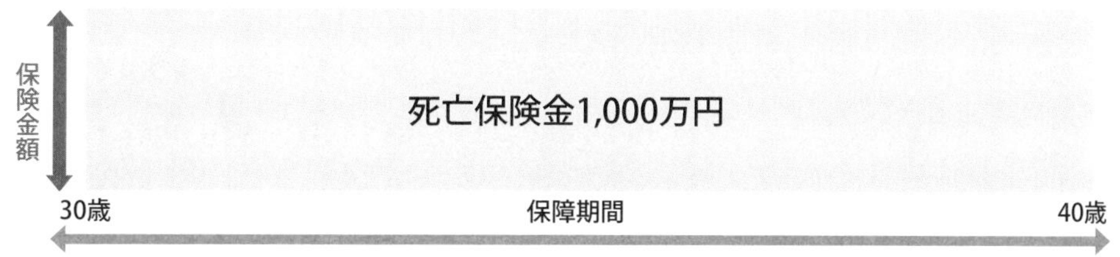

健康状態で、保険料が割引される

定期保険の保険料は、年齢や健康状態によって異なります。

最近は、タバコを吸わない人や、BMI数値、血圧値が一定の範囲内であれば保険料が割引される商品もあります。なお、BMIとは「体重÷身長の２乗」で算出する数値で、肥満度を表す体格指数です。

健康であれば保険料が安く抑えられるので、家計の節約にもなります。

お勧めの定期保険

◆喫煙者の場合

タバコを吸う人にお勧めする定期保険は、ライフネット生命の『かぞくへの保険』やメディケア生命の『メディフィット定期』、オリックス生命の『Bridge（ブリッジ）』、アクサダイレクト生命の『定期保険２』です。

これらの定期保険は喫煙の有無に関係なく保険料が年代ごとに一律に設定されています。特にメディケア生命の『メディフィット定期』はどの世代を比較しても最安の保険料です。

◆非喫煙者の場合

タバコを吸わない人にお勧めは、チューリッヒ生命の『定期保険プレミアムDX』とメットライフ生命の『スーパー割引定期保険』です。チューリッヒ生命の『定期保険プレミアムDX』は、30歳男性で1,000万円の死亡保障、10年定期とした場合、血圧値が基準を満たし１年以上非喫煙だと月額の保険料は970円。死亡保障を1,200万円にすると、それぞれ約17％高くなります。

ただし、同じ30歳男性で非喫煙なのに血圧が最高・最低のどちらか一方でも基準を満たしていないと約25％高い1,280円になります。このチューリッヒ生命の『定期保険プレミアムDX』とメットライフ生命の『スーパー割引定期保険』は、非喫煙者で健康体の方にとっては非常に安い保険料で加入できます。

反対に喫煙者の方にとっては、これらの定期保険に加入すると、他の定期保険よりもかなり割高の保険料になるので注意が必要です。

◆保険商品を選ぶ時は、各社で比較する

下の表の保険内容は、あくまでサンプルに過ぎません。

実際に保険商品を選択する際は、各保険会社のホームページから保険料の見積もりシミュレーションで保険に加入する人の年齢と保障額を入力し、各社で月額保険料を比較するようにしましょう。

【●年齢：30歳男性　●死亡保険金額：1,000 万円　●保険期間：10 年（更新型）】

<table>
<tr><th>定期保険名</th><th>特徴</th><th colspan="2">月額保険料</th></tr>
<tr><td>ライフネット生命『かぞくへの保険』</td><td>一律同額保険料なのでタバコを吸う人向け</td><td colspan="2">￥1,068</td></tr>
<tr><td>メディケア生命『メディフィット定期』</td><td>一律同額保険料なのでタバコを吸う人向け</td><td colspan="2">￥977</td></tr>
<tr><td>オリックス生命『Bridge（ブリッジ）』</td><td>一律同額保険料なのでタバコを吸う人向け。リビング・ニーズ特約※付き</td><td colspan="2">￥1,168</td></tr>
<tr><td>アクサダイレクト生命『定期保険２』</td><td>一律保険料なのでタバコを吸う人向け。無料で、セカンドオピニオンの紹介や、24時間年中無休の医師・看護師への電話相談が利用できる。リビング・ニーズ特約※付き</td><td colspan="2">￥1,050</td></tr>
<tr><td rowspan="2">チューリッヒ生命『定期保険プレミアム DX』</td><td rowspan="2">過去１年６か月以内の健康診断において、20歳～49歳で血圧が最高129mmHg以下、最低84mmHg以下、１年以上非喫煙かどうかで保険料に大きな差がでる。リビング・ニーズ特約※付き。50代非喫煙者では最安</td><td>喫煙者</td><td>非喫煙者</td></tr>
<tr><td>￥1,280</td><td>￥970</td></tr>
<tr><td>メットライフ生命『スーパー割引定期保険』</td><td>過去２年間の喫煙の有無、身長・体重によるBMI、血圧などによって４段階の保険料に分かれる。リビング・ニーズ特約※付き</td><td>喫煙優良体 ￥930
喫煙標準体 ￥1,730</td><td>￥840</td></tr>
</table>

リビング・ニーズ特約とは

医師から余命６か月の宣告を受けた時、契約している死亡保険金の一部を生前に受け取れる特約のこと。生前に受け取ることで、経済的な不安を軽くして悔いのない余生を送り、治療に専念できる。

運用がいいと、もらえるお金が増える保険

- □メリットは、割安な保険料と死亡保険金が保障される点です
- □デメリットは、運用が悪いと解約返戻金が減少します
- □物価が上がった場合のインフレリスクに対応できます

変額終身保険は、運用次第で保険金が増減

変額終身保険は、保険会社が用意する投資信託などの運用の結果で、死亡保険金や解約返戻金の金額が増減する保険です。運用が良ければ、死亡保険金や解約返戻金が増えてトクをします。しかし、たとえ運用に失敗しても基本保険金額（死亡保険金の最低保証金額）は保障されるので安心です。ただし、解約返戻金は最低保証の対象ではないので、運用が悪ければ思ったより受け取れるお金が少ないことになります。

投資の場合は元本割れの可能性がありますが、変額終身保険の基本保険金額（死亡保険金額）に関しては元本割れがないので、中途解約の予定がない人にお勧めです。運用が良ければ老後資金に、悪ければ基本保険金を葬儀費用にするといいでしょう。

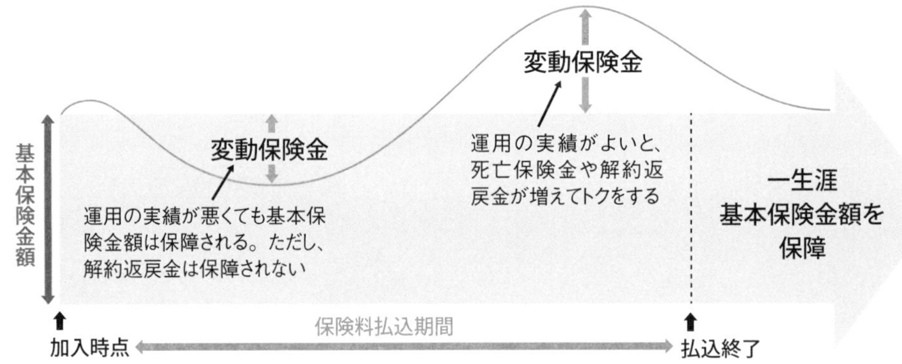

インフレリスクとは

物やサービスの値段が上がることで、お金の価値が下がってしまうリスクのこと。終身保険は、20年間や30年間と長期にわたりプランを組むことが多いので、数十年先に受け取る保険金が、その時代に十分な保障額なのかといった問題が起こる。

保険料が低く抑えられている

変額終身保険の保険料は、同じ終身型の生命保険の中でも割安です。

次の表のとおり、一般的な終身保険や、低解約返戻金型終身保険（詳しくはP.82）と保険料を比べると、１番保険料が安いのはこの変額終身保険です。しかし、保険の選択は単純に保険料だけで決めてしまうのではなく、どこに価値を置くかを家庭の状況に合わせて決めることが大切です。

種類別の終身保険料の比較
【30歳〜60歳の期間、500万円の死亡保障を支払った場合】

終身保険名		月額保険料	総額保険料	『バリアブルライフ』との払込総額の差
変額終身保険	ソニー生命『バリアブルライフ』変額保険終身型	¥10,590	¥3,812,400	
低解約返戻金型終身介護保険（詳細はP.82）	東京海上日動あんしん生命『長生き支援終身』	¥13,685	¥4,926,600	プラス¥1,114,200
低解約返戻金型終身保険（詳細はP.82）	オリックス生命『RISE（ライズ）』	¥10,870	¥3,913,200	プラス¥100,800

保険料は安いが解約返戻金の元本割れリスクがある

保険料の安さで選ぶなら、ソニー生命の『バリアブルライフ』がお勧めです。終身保険の最低限の目的である、葬儀費用や家族に残すお金が確保でき、老後資金もある程度用意したい場合に適しています。また、投資は、運用期間が長ければ長いほど成績がよい可能性があります。保険料が安く済む若いうちに加入することで運用効果も期待できるという理由から、若く、子どもがいない夫婦にも向いています。

運用が良ければ、インフレリスクに対応できる可能性もあります。しかし、投資面では株式型の特別勘定が50％までという制限が加わったため、解約返戻金の元本割れのリスクが上がっています。リスクを避けたい人は次にご紹介する低解約返戻金型終身保険を選択したほうが無難といえます。保険料を安く抑えて投資でもあわよくばお金を増やしたいという人には向いていますが、満期後の解約返戻金が元本割れするのはイヤだという人は、低解約返戻金型の方を選択することをお勧めします。

低解約返戻金型終身保険　貯蓄を兼ねた生命保険

シンプルで、利用価値が高い保険です

- □メリットは、保険料が割安なことです
- □デメリットは、途中解約だと元本割れします
- □老後資金のほか、学資保険としても使えます

低解約返戻金型終身保険の特徴

低解約返戻金型終身保険は、保険料の支払期間中に解約すると受け取れる解約返戻金が少なくなる保険です。その代わりに、保険料は割安に設定されています。

支払期間が過ぎれば、一般的な終身保険と同じ水準の解約返戻金額に上がるので、途中で解約する予定がない人にお勧めします。学資保険や、年金、老後資金として受け取りたい人に向いています。

どうしても終身保険に入っておきたいという場合は、保険料が安いので利用価値は十分にあります。

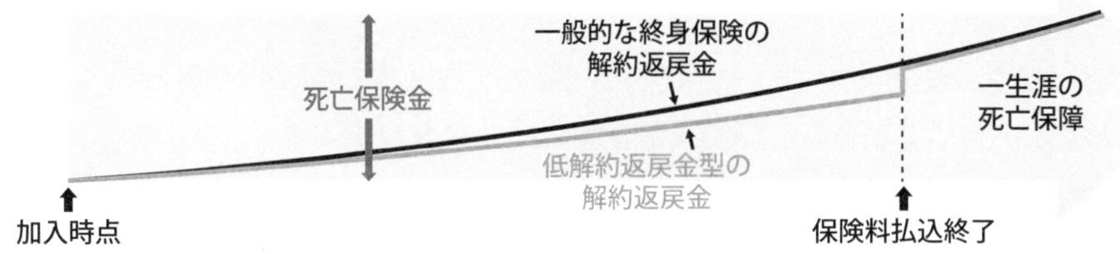

三大疾病だと保険料が免除に

低解約返戻金型保険のなかには、ガン・急性心筋梗塞（しんきんこうそく）・脳卒中の三大疾病（さんだいしっぺい）を患った時、その後の保険料が免除される「特定疾病保険料免除特約」が付いている商品もあります。

保険会社によって、保険料が免除になる条件が違うので注意しましょう。損保系や外資系、異業種系の保険会社で扱うことが多い保険です。次の表から自分に向いているタイプを見つけて、比較してみましょう。

お勧めの低解約返戻金型終身保険

【60歳で保険料の支払いが完了する場合の、月額保険料】

<table>
<tr><th>低解約返戻金型
終身保険名</th><th colspan="3">特 徴</th></tr>
<tr><td rowspan="4">FWD 富士生命
『E- 終身』</td><td colspan="3">保険料払込期間満了後、死亡・高度障害保障を年金や介護保障へ移行することができる。保険料払込免除特約を付加すると「レスキュー P（パック）E- 終身」という呼称に変わる。その場合、三大疾病で所定の状態になった以後の保険料は払込み免除となる。また「FWD 富士生命健康サービス」が利用可能になるが、下記の保険料は上がる</td></tr>
<tr><td>死亡保険金</td><td>30歳男性</td><td>40歳男性</td></tr>
<tr><td>300万円</td><td>￥6,744</td><td>￥10,623</td></tr>
<tr><td>500万円</td><td>￥10,990</td><td>￥17,455</td></tr>
<tr><td rowspan="4">SOMPO ひまわり生命
『一生のお守り』</td><td colspan="3">ガン・急性心筋梗塞・脳卒中で所定の状態になった時、その後の保険料が免除される「特定疾病保険料免除特約」がある。それにより解約返戻金が上がる</td></tr>
<tr><td>死亡保険金</td><td>30歳男性</td><td>40歳男性</td></tr>
<tr><td>300万円</td><td>￥7,389</td><td>￥11,526</td></tr>
<tr><td>500万円</td><td>￥12,215</td><td>￥19,110</td></tr>
<tr><td rowspan="4">オリックス生命
『終身保険
RISE（ライズ）』</td><td colspan="3">短期払いの場合で、保険料の払込完了後の 65 歳以上であれば、要介護４以上で保険金が前払いされる「介護前払特約」がある。ホームページで解約返戻金のシミュレーションができる</td></tr>
<tr><td>死亡保険金</td><td>30歳男性</td><td>40歳男性</td></tr>
<tr><td>300万円</td><td>￥6,669</td><td>￥10,533</td></tr>
<tr><td>500万円</td><td>￥10,870</td><td>￥17,305</td></tr>
<tr><td rowspan="3">マニュライフ生命
『こだわり終身保険 v２』</td><td colspan="3">非喫煙者には割安な保険料の設定で、タバコを吸わない人向け。「特定疾病保険料免除特約」がある</td></tr>
<tr><td>死亡保険金</td><td>30歳男性</td><td>40歳男性</td></tr>
<tr><td>500万円</td><td>￥10,795</td><td>￥17,340</td></tr>
</table>

「被保険者」と「契約者」の違い

「被保険者」は、保険金を受ける人のこと。または、保険の対象となる人のこと。「契約者」は、保険の契約をして保険料を支払っている人のこと。通常では、被保険者と契約者は同一であることが多い。

いい学資保険を選べば、定期預金よりおトクです

- □親の死亡保障より、貯蓄性を重視しましょう
- □元本割れする商品は、絶対に入ってはいけません
- □保険金の戻り率（返戻率）101％以上がお勧め

学資保険とは

学資保険は、教育費を積み立てる「貯蓄性」を求めて加入するのが一般的ですが、契約者（通常は親）が死亡や重度の障害を負った場合は、それ以降の保険料が免除され、保険金を満額受け取ることができる「保障性」も併せ持つ保険です。

保険金は、満期時に全額一括で受け取れるほか、小学校～高校の各入学時に祝い金で一部が受け取れたり、大学在学中に分割で受け取れたりするなど、さまざまなタイプがあります。

入ってはいけない学資保険

最近では減ってきましたが、「支払う保険料の総額」より「受け取るお金の総額（祝い金＋満期保険金）」が少ない、いわゆる元本割れする学資保険は入ってはダメです。

元本割れの原因は、「育英年金」や「子どもの医療保険」を付けるから起こるのです。

育英年金は親の死亡時に受け取れる保障ですが、親の死亡時は学資保険の支払いが免除され、学資保険以外の死亡保障と重複する可能性が高いので必要ありません。

子どもの医療保険も、公的な医療費の助成制度で、一定年齢までの医療費はほぼ無料になるので必要ありません。

もし、親が亡くなった時に、学資保険と貯蓄では教育費が不足するのであれば、定期保険（詳しくはP.77）でカバーするといいでしょう。

学資保険の見極めポイント

学資保険を選ぶ際に重要になるのが、「返戻率（へんれいりつ）」です。返戻率とは、「支払う保険料の総額」に対する「受け取るお金の総額」の割合です。仮にこの割合が100であれば貯蓄性はゼロ、高ければ高いほど貯蓄性が高い保険ということになります。

返戻率 ＝（祝い金＋満期保険金）÷ 保険料の総額 ×100

返戻率は、支払期間で変わります。支払期間を先に決めて、各保険会社のホームページから返戻率をシミュレーションしましょう。その上で返戻率が高い商品（101％以上）を３つくらいに絞り、わが家に合う商品を選べばよいでしょう。

返戻率の高い学資保険は、預金より利率がよく、親が亡くなった時の保障も備えているので安心感があります。これればかりは銀行の定期預金ではかなわないことです。

お勧めの学資保険

【●契約者：30歳男性　●被契約者：０歳男子】

学資保険名	特徴	月額保険料	返戻率
ソニー生命『学資保険』	非常にシンプルで貯蓄性が高い保険。Ⅲ型で10歳までに保険料を完納すると返戻率が105.5%になる。Ⅲ型で18歳まで保険料を払い込むプランでの返戻率は102.6%	10歳払込完了プランの場合、受取総額200万円で￥15,788	105.5%
		18歳払込完了プランの場合、受取総額200万円で￥9,020	102.6%
明治安田生命『つみたて学資』	10・15年間など短期払込プランなので、返戻率が高い。15年間で返戻率102.7%のところ、10年間だと104.7%になる	15歳払込完了、受取総額200万円で￥10,814	102.7%
フコク生命『みらいのつばさ』	兄弟姉妹割引や、細かな祝い金（据え置き可能）がある。子どもが多い家庭は検討の価値アリ	Ｊジャンプ型、17歳払込完了、受取総額200万円で￥9,614	101.9%
日本生命『ニッセイ学資保険』	プランは２つ。大学入学年齢から年１回計５回に分けて受け取る「こども祝い金 なし型」と、小～高校入学時にさらにもう１回受け取る「こども祝い金 あり型」。返戻率がいいのは「なし型」	18歳払込完了、祝い金なしの受取総額210万円で￥9,555	101.7%

個人年金型保険は、お勧めできません

- □定額年金は、元本割れの危険性が高い保険です
- □変額年金は、ハイリスク・ハイリターンを覚悟してください
- □確定拠出年金は、お勧めです

運用方法が異なる２つの個人年金型の保険

個人年金型の生命保険には、「定額年金保険」と「変額年金保険」があり、運用方法の違いが大きな特徴です。

定額年金保険は、加入時点で払い込む保険料と将来の年金額が決まっています。

変額年金保険は、支払う保険料は変わりませんが、保険会社の運用次第でもらえる年金額が変わる保険です。いずれも入ってはいけない保険ですので、ご注意ください。

定額年金保険に、入ってはいけない理由

定額年金保険は公的年金では足りない老後の生活費に備える保険で、死亡時の保障より貯蓄性を重視することが目的です。定額年金保険には、下の表のように３種類あります。

予定利率（保険会社の運用利回り）が契約時の利率で固定されるため、予定利率が史上最低の現在（2020年３月）、どの種類や商品であってもお勧めできません。

定額年金保険の種類と特徴

確定年金	有期年金	終身年金
年金の受取期間が10年間や15年間など決まっている。受取期間内に本人が死亡した場合、残りの年金を遺族が受け取れる。基本的に元本割れせず、掛け捨てではない	基本的に確定年金と同じ保障内容だが、本人が死亡しても遺族は残りの年金を受け取れない。このため、死亡時期によっては元本割れすることもある	一生涯年金を受け取れる。本人が早くに死亡した場合は元本割れする。確定年金と終身年金を組み合わせた保証期間付終身年金もある

変額年金保険に、入ってはいけない理由

変額年金保険は保険会社の運用実績によって年金額が変動する保険です。この保険のデメリットは、運用リスクと高い手数料です。

運用リスクはいうまでもありませんが、手数料は一般的に、一時払い形式（保険料を一度に全額支払う）の場合だと、契約時に２～５％の費用が発生するほか、管理費や信託報酬が毎日かかり、年間で２～３％引かれます。また、早い時期に解約すれば、８～10％支払わなければなりません。

今のように予定利率が低いなか、年間常にこれらの手数料分を上回る運用益が出せるのかと考えると、とうてい利益が出るとは考えにくい保険です。

確定拠出年金のほうがおトク

個人年金型の生命保険の場合、生命保険料控除（所得控除）は適用されるものの、変額年金保険では運用リスクや高い手数料が発生するなど加入はお勧めできません。

そういったリスクを考えると、掛金（かけきん）の全額が所得控除されるなどの税制面で優遇が大きい「確定拠出年金」を選択するほうがいいでしょう。

確定拠出年金は、自営業者などが掛金を支払う「個人型」、会社が支払う「企業型」、従業員が企業型に上乗せして掛金を支払う「マッチング拠出」があります。

自分で運用方法を決める必要がありますが、海外の投資案件も含めて分散投資するのがいいでしょう。分散投資の利点は、それぞれ違う値動きをする数種類の投資商品に分けて投資することで、損をするリスクが回避できる点です。

「定額年金保険」と「年金保険」は同じ保険

「定額年金保険」は、通常「年金保険」といわれているが、本書では「変額」との対比ができ、わかりやすいため「定額年金保険」と表記する。

養老保険は入っても損をするだけ

定額年金保険に似た商品に、養老保険がある。養老保険は、死亡保障と貯蓄性の両方を併せ持つ保険だが、大方の人は満期保険金（貯蓄性）に期待して加入する。現在は元本割れする商品がほとんどのため、どの保険会社の商品であっても加入する価値はない。

早急に見直し・解約すべきは、これらの保険です！

- □特約が多く、そのため割高な商品です
- □最近は減少傾向ですが、まだまだ存在します
- □唯一トクするのは早いうちに亡くなった場合だけ

複雑で保険料が割高

定期付終身保険の正式名称は、「定期保険特約付終身保険」といいます。

大手生保系の主力商品で、その名のとおり特約の部分が多くを占めているので、保険料が割高です。一般的な終身保険に高い死亡保険金が定期保険としてプラスされ、さらにたくさんの特約が組み合わされているので、非常にわかりにくい保険です。

同じく大手生保系が取り扱う複雑な保険に、アカウント型保険があります。正式名称は「利率変動型積立終身保険」といいます。

アカウントという積み立て部分と特約が一緒になった保険です。終身保険部分はあってないようなもので、最近は取り扱う保険会社も減りましたが、まだ存在するので加入しないよう注意が必要です。

これらの保険は、複雑で割高な保険料のため１番先に見直して、場合によっては解約を検討するべき保険です。唯一、これらの保険でトクをするのは、加入後の早い段階、つまり支払保険料が少ないうちに亡くなった場合のみです。

すぐに見直すべき生命保険

定期付終身保険	アカウント型保険
日本生命『ロングランみらいサポートEX』	明治安田生命『ライフアカウントL.A.』
日本生命『ニッセイ生きるチカラ』	住友生命『ライブワン』
日本生命『ニッセイみらいのカタチ』	明治安田生命『ベストスタイル』
かんぽ生命『ながいきくん』	住友生命『Wステージ』
かんぽ生命『新ながいきくん』	住友生命『Wステージ未来ステージ１UP』

※2020年3月現在、販売中止の商品を含む。

かんぽ生命に魅力はない

かんぽ生命は民営化されたとはいえ、まさか倒産はしないだろうという安心感があるため加入している人が多いようです。

しかし、保険という観点で見ると今からは加入しないほうがいい商品ばかりです。

終身保険は、解約返戻金の額に対して保険料が高く設定されています。

貯蓄性を重視して入る人が多い養老保険は、満期金が保険料の支払総額を下回り、元本割れが避けられないでしょう。

定期保険に関しては、10 年定期しかないので、保障期間の選択に余地がありません。

学資保険は、完全に元本割れします。

医療保険に加入するには、本契約の特約という形でしか加入できない仕組みになっています。つまり、主契約として終身保険や養老保険などの生命保険に加入して、医療特約『その日から』を付けるという方法しかありません。これは大手生保系のパターンと同じです。

生命保険に加入する時には、必ずといっていいほどこの『その日から』の加入も勧められます。

こうやって見渡して見ると、今から保険に加入する場合、残念ですが、かんぽ生命の商品には魅力が見当たりません。

解約しようか迷った時に、便利な判断方法

- □判断方法は、2つの計算式に当てはめるだけです
- □解約の正しい順番を理解しましょう
- □解約は慎重に行いましょう

すぐに保険を解約するのは危険

ここまで読んできて、すでに自分の保険を解約したくなっている人も多いことでしょう。ここでは、満期金がある生命保険を解約すべきか、継続すべきか迷った時に使える簡単な計算式を紹介します。

この方法は、あくまでも一つの判断材料に過ぎないので、この計算の結果、すぐに保険を解約するのは危険です。理由は、今までの保障がなくなってしまうからです。

加入し直す場合は、新旧の保険を比較し、「次に加入し直す保険がはたしていい商品か？」「今までの保障とどう違うのか？」「保険料はどうか？」「実際に今の年齢や健康状態で加入が可能なのか？」などを前もって検討しておくことが非常に重要です。

新規加入 ➡ 解約 の順番が大事

最も怖いのは、古い保険を解約したあとに、新しい保険商品に加入し直すという間違った順番を取ることです。この順番だと、万一新しい保険が現在の健康状態では加入できなかった場合、保険がなくなってしまいます。

正しい順番は、先に新しい保険商品に加入して１回目の保険料の支払いが済んでから、古い保険を解約するという順番です。

損金がわかる計算式

ある生命保険（満期金あり）を解約すべきか、このまま加入し続けるべきかの計算は、「現時点で解約した場合の損金」と「満期まで加入した場合の損金」を比較すると簡単です。次の計算式を見てみましょう。

❶現時点で解約した場合の損金

今解約した場合の解約返戻金 −（毎月の支払保険料 × 現在までの支払月数）＝ マイナスだと損金

※解約返戻金は、保険会社に保険証券番号などの必要事項を伝えて問い合わせれば後日連絡がくる。

❷このまま加入し続けた場合の損金

満期金 −（毎月の支払保険料 × 契約期間すべての支払月数）＝ マイナスだと損金

大抵、満期金がある生命保険を途中で解約した場合は、損金（マイナスの数字）が出ます。❶の「現時点で解約した場合の損金」のほうが、❷の「このまま加入し続けた場合の損金」より少ない場合は、解約したほうがいいということです。

事例を使って計算してみよう

先ほどの計算式に、次の養老保険の事例をあてはめてみます。

ある養老保険の例

- 満期金 200 万円　● 加入期間 10 年　● 月額保険料￥21,160
- 加入してから 7 年経過　● 解約返戻金￥1,429,235

【計算式】

❶解約返戻金￥1,429,235 −（月額保険料￥21,160×84 か月）＝￥−348,205

❷満期金￥2,000,000 −（月額保険料￥21,160×120 か月）＝￥−539,200

上記のマイナスの計算結果から、今解約すれば 34 万 8,205 円の損で済みますが、このまま加入し続けると、53 万 9,200 円も損をしてしまうことがわかります。

このような簡単な計算で解約の判断ができます。しかし、これは一つの判断材料にしかすぎないので、くれぐれも慎重に見直してください。

気になる保険商品を書く

	保険会社	保険商品	保障額	月額保険料	加入期間
収入保障保険					
定期保険					
終身保険					
その他					

第4章

医療保険は本当に必要？！

健康保険証があれば、医療保険は必要ありません

□公的な健康保険でも手厚い保障が受けられます
□高額な医療費は、高額療養費制度でカバーできます
□ガンが心配なら、単品の安いガン保険に入りましょう

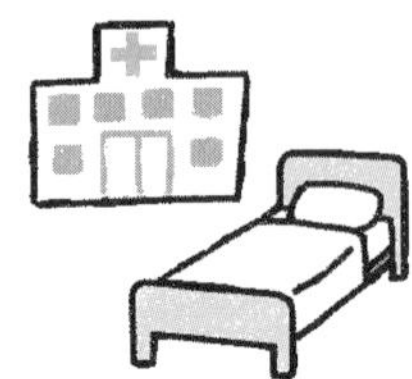

健康保険証があれば大丈夫！

特別な事情がない限り、シンプルなガン保険を除いて基本的には民間の医療保険に加入する必要はありません。必要がない理由は、この章で説明する医療保険の仕組みや、最近の入院日数などを知れば納得できるでしょう。

また、大方の人が、市区町村の国民健康保険か会社の健康保険に加入しています。これがなかなか頼りになる保険で、医療費のほとんどを３割の自己負担でまかなうことができるのです。詳しくは、第５章で説明していますが、次に挙げる公的な保障制度は、保険会社の医療保険の代わりになる便利な制度です。

代表的な公的保障制度

高額療養費制度	１か月に自己負担額が￥80,100を超える場合に使える制度。￥80,100を超えた分から１％の自己負担で済む。一旦、病院の窓口で３割の医療費を支払ったあとに申請する。 窓口で支払いができない人は、高額療養費の支給見込額の80%を無利子で借りられる「高額療養費貸付制度」を利用するとよい。 さらに、事前に申請しておけば、窓口での支払いが高額療養費制度を利用した時と同額になる「健康保険限度額適用認定証」もある ※全額自己負担の先進医療や健康保険適用外の治療は、高額療養費制度は使えない
傷病手当金	会社員で健康保険に加入している人が使える制度。病気やケガで仕事ができない状態になった場合に、給料の約３分の２が最長１年６か月まで支給される

医療保険のキホン

民間の医療保険には終身型と定期型があり、定期型の場合は契約更新すると保険料が上がるので、どうしても医療保険に入りたいなら終身型をお勧めします（詳しくはP.106）。代表的な医療保険の種類や保障内容は次の表のとおりです。

医療保険の主な種類や保障内容

三大疾病保障 ガン・脳卒中・急性心筋梗塞を患った場合の手術・入院に対して給付。各社で違いはあるが、保険適用条件のハードルは比較的高い（詳細はP.96）	**先進医療保障** 健康保険が使えない先進医療の治療に適用。主にガンで300万円を超える治療が対象で高額のため注目されている。保障を特約で付けることも可能（詳細はP.104）
1000日入院保障 入院の通算が1000日まで保障される。あくまで「通算」であり、1回の入院は60日までが一般的。保険会社によっては120日までの保障もある（詳細はP.100）	**ガン保険** ガンと診断された時点でまとまったお金を一時金として受け取れるのが特徴。手術・入院後の通院保障がある商品がほとんど。通院だけの商品もある（詳細はP.108）
女性向け医療保険 乳ガン・子宮ガンなど、女性特有の病気を通常の病気より倍額保障するなど、女性に手厚い保険（詳細はP.102）	**各種特約** 健康祝い金・生存給付金・ボーナスなど基本保障に付加する保障。あるいは定期型の死亡・傷害・災害・成人病・通院など別途追加する保障のこと（詳細はP.112）
子ども向け医療保険 子どものケガ・入院・手術に備える保険。通常の医療保険のほか、かんぽ生命の保険のように学資保険の特約で医療保障を付けることも可能（詳細はP.102）	**都道府県民共済** 全国生活共同組合連合会が共済事業の元受団体で、非営利団体となり、ほかの医療保険と性格が異なる。毎年決算後の剰余金を加入者に返金しているので保険料が結果的に安くなる（詳細はP.118）

保険会社から給付金を受け取るには

保険会社から、死亡や満期によって受け取るお金を保険金といいますが、医療保険では保険金ではなく給付金といいます。

給付金は、入院や手術をした時に受け取ることができ、通院では受け取れません。ただし、退院後に治療のために通院した場合は受給できます。なお、ガン保険には、入院しなくても通院給付金が受け取れる商品があります。

給付金を受け取るには、お金を支払って医師から診断書をもらい、給付請求をして、保険会社の審査をパスする必要があります。ということは、一旦は病院の窓口で医療費（3割負担）を支払わなくてはならず、ある程度の預金が必要ということです。

また、支払い条件が細かにあるため、請求をすれば必ず審査がとおるわけではありません。

三大疾病の入院は1か月程度、医療費も高くありません

□三大疾病とは、ガン・脳卒中・急性心筋梗塞のことです
□働き盛りの年代では、1か月程度で退院できます
□医療費は、預金でも十分に用意できます

三大疾病を患った場合の保障

三大疾病保障とは、ガン・脳卒中・急性心筋梗塞の三大疾病により所定の状態になった時に、一時金（100万円などまとまったお金）や、手術給付金、入院給付金が受け取れる保障です。

所定の状態とは、脳卒中や急性心筋梗塞では、言語障害や後遺症が60日以上継続する場合、または60日以上普通に働くことができない状態を指します。この条件の審査・承認権は各保険会社に委ねられています。

最近では、基本保障に三大疾病が含まれている医療保険も多くあり、また、医療保険に特約として三大疾病を付けることができる保険もあります。もちろん、三大疾病にならなければ給付金や一時金は受け取れません。

三大疾病の入院期間

日本全国で病気やケガ、出産などで入院した人の平均入院日数は、厚生労働省の資料によると29.3日と、ほぼ1か月の入院で済んでいることがわかります。

三大疾病別の平均入院日数を次の表に示しました。特に注目の日数はオレンジ色にしてあります。表を見ると、ガン（悪性新生物）は、17.1日と2週間強で退院できることがわかります。

脳卒中、つまり脳梗塞や脳出血などの脳血管疾患では、総数が78.2日と長くなっていますが、65歳以上の86.7日が平均値を上げているためで、働き盛りの35歳～64歳では45.6日と1か月強の入院日数です。

心筋梗塞も64歳以下では、65歳以上の高齢者よりかなり日数が減り、２週間程度で退院できることが読み取れます。

三大疾病の年齢別平均入院日数

（単位：日）

傷病分類		平均値	15〜34歳	35〜64歳	65歳以上
ガン	悪性新生物	17.1	15.9	13.0	18.6
	新生物	16.1	10.2	12.0	18.2
	胃の悪性新生物	19.2	12.5	13.0	20.8
	結腸及び直腸の悪性新生物	15.7	12.7	11.7	17.1
	肝及び肝内胆管の悪性新生物	16.9	36.5	13.0	17.7
	気管、気管支及び肺の悪性新生物	16.3	9.7	13.3	17.1
	乳房の悪性新生物	11.5	7.1	8.4	15.7
脳卒中	脳血管疾患	78.2	25.6	45.6	86.7
心筋梗塞	高血圧性疾患	33.7	13.6	15.3	39.5
	心疾患（高血圧性のものを除く）	19.3	10.0	9.0	22.2
心筋梗塞・脳卒中の原因	循環器系の疾患	38.1	12.4	20.3	43.3

出典：厚生労働省資料「平成29年9月傷病分類別にみた年齢階級別退院患者の平均在院日数」から、15歳以上の三大疾病患者を抜粋。

くも膜下出血で手術した医療費の実例

実際に、くも膜下出血で２回の開頭手術を受け、48日間入院することになったＡさんの医療費を、次のページの囲みを基に見てみましょう。

Ａさんの手術・医療・入院の支払総額は、28万8,409円でした。

約１か月半もの間入院しても30万円以内で納まったのは、高額療養費制度を利用したからです。

高額療養費制度（詳しくはP.122）は、健康保険証を持っている人であれば誰でも利用できる制度です。

手術を２回受けてもこのくらいの医療費で済むのであれば、三大疾病保障は不要であるといえるでしょう。日本人の平均寿命が世界的に見て長いのは、こういった公的な医療保障制度が充実していることも要因の一つです。

三大疾病保障が不要であることを証明する、Aさんの実例

Aさん（当時50歳）の状況

- 勤務先の店頭で急に意識を失い倒れ、救急搬送された病院でくも膜下出血と診断された。
- １度目の手術後に破裂しそうな動脈瘤が見つかって再手術となり、入院中に開頭手術を２回受けた。
- 入院期間は、約１か月半（48日間）。
- Aさんが加入していた医療保険は県民共済のみ。

手術・医療・入院費の明細

	手術・医療・入院費	手術・医療・入院費の病院窓口で支払う３割負担分の支払額	高額療養費制度を利用した支払額
7/29～7/31 の請求書	¥1,571,733	¥471,520	¥93,147
8/1～8/31 の請求書	¥3,459,667	¥1,037,900	¥112,027
9/1～9/14 の請求書	¥580,533	¥174,160	¥83,235
合計額	¥5,611,933	¥1,683,580	¥288,409
※高額療養費制度は月単位で計算される。Aさんは7月末に1度目の手術、8月に再手術を受けた。			

※高額療養費制度を利用し、医療費の支払総額は¥288,409だった。
※県民共済からの給付金総額は¥808,000。このため実質の持ち出し医療費はなかった。
※現在は後遺症もなく元気に仕事に復帰し、元どおりの生活をしている。

30万円の預金があれば、なんとかなる！

Aさんは預金が十分にあったので、28万8,409円（高額療養費制度を利用後の金額）の医療費は、預金から支払ったそうです。Aさんいわく「預金で十分支払いができたので、県民共済に加入する必要はなかった」と言っていました。

手術や医療にかかる費用はケースバイケースですが、Aさんの事例から見てもわかるとおり、とりあえず１人につき30万円用意できるのであれば、医療保険がなくてもなんとかなります。どうしても心配という人は、その倍の60万円もあれば安心でしょう。国民健康保険や会社の健康保険には、この高額療養費制度のほかにも高額療養費貸付制度や健康保険限度額適用認定証があるので、それを利用すればいいのです。詳しくは、第5章の「医療保険の代わりは自分でつくろう！」で説明しています。

ガンが心配な人は、安いガン保険に加入

三大疾病が基本保障に入っている保険の保険料は、たとえば35歳男性だと、安くても月額3,500円前後で、10年間だと保険料の総額は42万円にもなります。

基本的に、医療保険は入院や手術をしないと給付金を受け取れないので、三大疾病保障であれば、ガン・急性心筋梗塞・脳卒中にならないとお金は受け取れません。

このように、保険料の総額や、先ほどのAさんの事例を考えると、医療保険や三大疾病保障がなぜ必要ないのかを理解できると思います。

万一の時の医療費は、自由のきく預金で準備しておいたほうが、三大疾病以外の病気やケガにも対応でき、医療費以外の臨時費用としても活用できるのです。

ただし、ガンに関しては健康保険が使えない高額治療、つまり先進医療や保険適用外の抗ガン剤を使用するという選択肢があります。ガンの高額治療が心配な人は、比較的安いガン保険に単品で加入しておけばいいでしょう。

保険会社は、前述の平均入院日数などを分析した上で、保険商品をつくっていることも覚えておくといいでしょう。

医療保険のCMが多いのはなぜ？

生命保険に比べて、医療保険のテレビコマーシャルが多いのは、医療保険の利益率がいいからです。利益率がいいからこそ、有名俳優を使い莫大な費用のかかる広告媒体を利用できるのです。

保険会社は、貯蓄型の生命保険であれば、必ず加入者に保険金を支払う必要があります。一方、医療保険は、加入者が元気に過ごしてくれれば支払う必要はありません。さらに、今の医療は、手術をしても当日に帰宅できたり、1日だけの入院で済んだりするケースが増えています。

医療保険は保険会社にとって、給付金を支払う機会が少ないおいしい保険なのです。同じことは定期保険にもいえます。基本的に掛け捨てで、加入期間中に亡くなった場合以外は保険金を支払う必要がありません。

頻繁に医療保険や定期保険のテレビコマーシャルを目にするのは、それだけ資金が潤沢ということです。

1000日入院保障は、非現実的な保障です

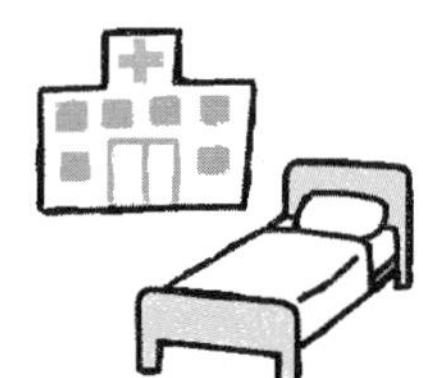

□1000日といっても、1回の入院は60日までが限度です

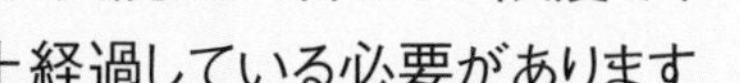

□次の入院まで、半年以上経過している必要があります

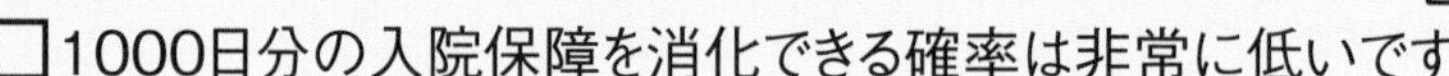

□1000日分の入院保障を消化できる確率は非常に低いです

1回の入院で、60日の保障が一般的

医療保険は、入院や手術、退院後の通院などを保障するものです。

各保険会社によって保障内容はさまざまですが、一般的に1回の入院で60日まで、中には120日まで保障している商品もあります。

たとえば、1日の入院保障額が1万円で60日までの保障なら、1回の入院につき最高で60万円までの給付金が受け取れるというわけです。このように入院時に支払われる保障金額のことを「入院給付金」といいます。入院給付金にはさらに以下のような支払い条件があります。

入院給付金の支払い条件

同じ病気や同じ原因で2回以上入院する場合は、1回目の退院の翌日（事故の場合はその事故の日）から180日以内に2回目の入院をすると、同じ入院とみなし2回目の入院は給付金が支払われない

1000日入院保障のカラクリ

最近の1000日入院保障は、「入院日数が1回につき60日まで、通算だと1000日（約3年）まで」など、給付金を受け取れる確率が非常に低い保障がほとんどです。次のBさんの例を基に、なぜ受け取れる確率が低いのか見ていきましょう。ポイントは通算です。

Bさんの実例

- 元々患っていた高血圧症が原因で脳血管障害（脳梗塞や脳出血など）を発症し、60日間入院
- 退院後、半年以内（180日以内）に心臓疾患で2回目の入院をすることになった

Bさんの場合、2回目の入院の原因が1回目と同じ高血圧症だと診断されたら、たとえ病名が異なっても2回目の入院給付金は受け取れません。最初の入院の60日分の保障でおしまいです。

保障の1000日とはあくまで通算で、同じ原因や同じ病気では、はじめの退院から次の入院までの間隔が180日以上（半年以上）経過している必要があるのです。

1000日入院保障は、医療の発達とミスマッチ

通算1000日の保障は、60日の入院に換算すると約17回分の入院になります。

仮に1回目の退院から2回目の入院までの間隔が180日以内であれば、まったく関連性のない原因か、違う病気やケガでもなければ入院給付金は受け取れません。

そんなに数多く原因の違う病気や事故で入院する、運の悪い人がいるでしょうか。また、現在の医療技術の発達を考えると、1000日入院保障は非現実的で必要がない保障といえます。

現在の医療現場の状況

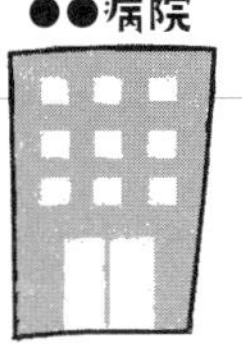

- 手術にマイクロスコープ等を用いるなど医療技術が発達し、入院期間が長引かない
- 入院期間が短くて済む腹腔鏡手術など、かつては先進医療だったが今は保険適用となる技術が増えている

保険にお金をかけるなら預金する

一番よくない保険の入り方は、保険会社のうたい文句や売り言葉に翻弄され、不安を軸に加入してしまうことです。

医療保険が必要かどうかは、確率の問題で考えるのがシンプルでわかりやすいと思います。しかし、それではドライすぎるという人は、健康に対する自身の考えやライフプラン、保険に投資するお金を預金した時の額、などを材料に判断するといいでしょう。大切なお金をムダに垂れ流すことだけは、絶対に避けましょう。

「日帰り入院」や「通院保障」は元が取れない

医療保険の給付金を受け取るには、必ず医師の診断書が必要。日帰り入院であれ、1回や2回の通院であれ診断書は必須で、発行には数千円の手数料がかかる。これらを考えると、日帰り入院や通院保障は保険で用意する必要がない。

女性・子ども向けの医療保険は必要ありません

- □女性向け医療保険は、保険料が高くつきます
- □特別に婦人科系の医療費が高いことはありません
- □子どもの将来に向けて、貯蓄を増すほうが得策です

女性向け医療保険は、保険会社のマーケティング戦略

女性特有の病気、たとえば乳ガンや、子宮筋腫にかかると、保障額を上乗せ、入院日額が倍になる、などの特約があります。さらに満期金・死亡保障・高度障害保障などが付く女性向け保険もありますが、いずれも必要ありません。

「女性にやさしく手厚い保険です！」などのうたい文句で特別感を出していますが、手厚いだけに保険料が高いのが実情です。

女性特有の病気だから医療費が特別に高いという事実はありませんし、高額療養費制度（詳しくはP.122）が使えます。ガンが心配なら単品で安いガン保険に加入するほうがいいでしょう。

出産には、健康保険から出産育児一時金が支給される

通常分娩なら、42万円の出産育児一時金が国民健康保険や会社の健康保険から支給されます。帝王切開や切迫流産、妊娠中毒症には、女性向けの保険から給付金が出ますが、通常分娩には出ません。しかし、帝王切開と通常分娩との差額は5万円くらいなので、出産育児一時金で十分まかなえますし、余裕がなくても高額療養費制度を利用すればいいことです。

保険料を毎月支払うことを考えれば、5万円くらいなら預金で納まる範囲でしょう。わざわざ高い保険料を支払って女性特有の医療保険に加入する意味はありません。

出産育児一時金

- 1児につき42万円支給される
- 双生児や多生児を出産した場合：出産した子どもの数に応じて出産育児一時金が支給される
- 帝王切開等で出産した場合：高額療養費制度を利用しても出産育児一時金は支給される

子ども向けの医療保険はいらない

「子ども向けの医療保険って必要でしょうか？」という声をよく耳にしますが、結論からいうと必要ありません。

ここでいう子ども向けの医療保険とは、いわゆる「学資保険」のような学費の積み立ての保険ではなく、あくまで医療保険のことです。学費のための学資保険は必要（詳しくはP.84）ですが、医療保険はいりません。学資保険に特約で付ける医療保障もありますが、医療特約も必要ありません。

市区町村の公的な助成制度で、子どもの病気やケガは手厚く保障されています。小学校入学前までの入院や通院が無料だったり、わずかな自己負担だったりという市区町村がほとんどなので、医療費を準備する必要はないのです。

学費用の貯蓄を優先させる

子どもは、入院が必要な病気やケガをするのは幼い時期ぐらいで、小学校に入学するころには風邪や軽いケガをする程度です。筆者の2人の子どもも何回か入院しました。1か月以上入院したこともありましたが、小学校入学前の幼い時だったので、かかった入院費は食事代だけで済みました。健康で家にいても食費はかかるわけですから、子どもの医療費は心配しなくてもいいということです。

もし、子ども向けの医療保険に加入する余裕があるなら、そのお金を子どもの将来に向けて貯蓄に回すほうが得策といえます。

福岡県福岡市の子どもの医療費助成の例

	助成内容	対象
通院	自己負担なし	3歳未満
	¥600/月まで自己負担（1医療機関あたり）	3歳以上小学校就学前まで
	¥1,200/月まで自己負担（1医療機関あたり）	小学6年生まで
入院	自己負担なし	中学3年生まで

先進医療は実験段階の治療、効果の保障はありません

- □先進医療の実施医療機関は、全国で15か所程度
- □先進医療の特約は、月額200円前後と低料金です
- □加入時の確認ポイントをしっかりおさえましょう

先進医療は、特定の医療機関でしか受けられない

先進医療は、国民健康保険や会社の健康保険の適用対象外になる医療です。

名前が「先進医療」というため最先端の夢の治療法かと思いがちですが、まだ、実験段階の治療法で、保険適用にはいたっていません。裏を返せば標準治療、つまり今の健康保険適用の治療法は、実際に効果があると認められた治療法ということです。

また、厚生労働大臣が認可した特定の医療機関でしか受けられませんし、どこの病院でも同じ治療や手術が受けられるというものでもありません。

たとえば、先進医療のガン治療としてよく知られている重粒子線治療は、全国でたった6か所の病院でしか受けられません。陽子線治療の指定病院も、全国で17か所のみです。驚くことに、東京には1か所もありません。

なお、指定された医療機関以外でまったく同じ技術の治療を受けたとしても、保険会社から先進医療を受けたとは認めてもらえません。もちろん、患者が先進医療を希望したとしても、医師が効果を期待できなければ受けられません。

このように、まだまだ研究段階の治療であるため、高額な費用をかけたとしても効果の保障はどこにもありません。自己責任で判断するしかないということです。

ガンの先進医療は、最高300万円超

ガンの先進医療の治療や手術の技術費用を、厚生労働省の資料「平成30年6月30日時点における先進医療Aに係る費用」を基に計算すると、平均で、重粒子線治療が約313万円、陽子線治療が約272万円です。先進医療保障の是非は次

の2とおりの考えがあると思います。

① 受けられる確率が低く、効果の保障もないため「保険で準備する必要があるか？」という疑問視する考え
② 受けられる確率が低いので、特約の月額保険料が200円前後など安く抑えられており、最初からセットになっている保険も多くある。そこで「そんなに保険料が安いなら、万一の時のために加入しておこう」という積極的な考え

この選択は、人生観や死生観の問題でどちらが正しい・間違いではありません。現在は、上記②のように保険料も安いので、心配な人は加入しておくといいでしょう。

先進医療として認められている技術には、効果が認められず外される技術や治療もあれば、新しく認可されるものもあり、日進月歩の世界です。つまり先進医療の内容は、将来的に変わることがあるということです。加入時には、カバーされる保障が加入時点の内容か、それとも将来の技術に対しても保障されるのかを確認しましょう。

先進医療を実施している医療機関の一覧（2020年1月現在）

先進医療技術名	都道府県	実施している医療機関の名称
重粒子線治療	千葉県	量子科学技術研究開発機構　放射線医学総合研究所病院
	兵庫県	兵庫県立粒子線医療センター
	群馬県	群馬大学医学部附属病院
	佐賀県	九州国際重粒子線がん治療センター
	神奈川県	神奈川県立がんセンター
	大阪府	大阪重粒子線センター
陽子線治療	千葉県	国立がん研究センター東病院
	兵庫県	兵庫県立粒子線医療センター、 兵庫県立粒子線医療センター附属神戸陽子線センター
	静岡県	静岡県立静岡がんセンター
	茨城県	筑波大学附属病院
	福島県	脳神経疾患研究所附属南東北がん陽子線治療センター
	鹿児島県	メディポリス国際陽子線治療センター
	福井県	福井県立病院
	愛知県	名古屋市立西部医療センター、成田記念陽子線センター
	北海道	北海道大学病院、社会医療法人禎心会　札幌禎心会病院
	長野県	社会医療法人財団慈泉会　相澤病院
	岡山県	津山中央病院
	大阪府	医療法人伯鳳会　大阪陽子線クリニック
	奈良県	社会医療法人高清会 高井病院
	京都府	京都府立医科大学附属病院

出典：厚生労働省資料「先進医療を実施している医療機関の一覧 第2項先進医療技術【先進医療 A】」より抜粋。

それでも必要な人は、終身型の医療保険がお勧め

□医療保険には、終身型と定期型があります
□一生涯加入するなら、終身型がおトクです
□オリックス生命の『新CURE(キュア)』はお勧めです

支払総額が少ないのは、終身型

医療保険は大きく分けると保障期間が終身型と定期型の２種類あります。

「医療保険は基本的に必要ない」といわれてもどうしても不安なので、何がしかの保険には入っておきたいという人は、保険料の総支払額が少なく、保障期間が終身型の医療保険がいいでしょう。

インフレリスクが心配な終身型

終身型と定期型を同じ期間加入したら、終身型のほうが総支払い保険料は安く済みます。定期型は、10年ごとに更新という商品が多いので、更新時に保険料がグッと上がります。しかし、インフレリスク（詳しくはP.80）の考慮も必要です。たとえば30歳の時に、終身型の医療保険で入院日額１万円の保障に加入し、40年後の70歳の時に入院することになったとします。この期間で物価が上昇し、その時代の入院日額に必要な金額が２万円になっていたらぜんぜん足りません。つまり終身型の場合、インフレリスクには対応できないというデメリットがあるのです。

一方、定期型は、10年ごとに更新すれば、さらに上乗せの保障を追加していくこともできるのでインフレリスクに対応できます。その代わり、更新時に保険料は格段に上昇します。上乗せせずに更新しても、保険料が上がるのは避けられません。

両者のメリット・デメリットを考えると、終身型の医療保険で保険料の支払総額を少なくしておくほうがいいでしょう。インフレリスクによる不足分は、貯蓄でカバーすれば済むことです。

どうしても医療保険に入りたいなら、選んで間違いない保険

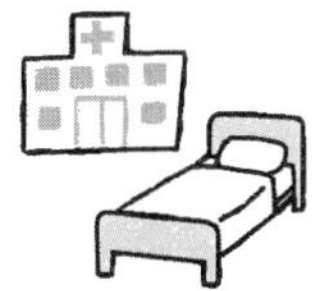

医療保険名	特徴
オリックス生命『新CURE(キュア)』	生活習慣病が気になる人向き。七大生活習慣病は通常の入院日数の限度が2倍に延びる。1回の入院で120日までの保障。三大疾病での入院は無制限。先進医療は2,000万円まで保障。不慮の事故や所定の高度障害状態になると保険料が免除。これらがすべて基本として付いている。35歳男性だと入院日額¥10,000の保障で、月々の保険料は¥3,247
SOMPOひまわり生命『新・健康のお守り』	三大疾病無制限と先進医療 2,000万円までが基本プラン。保険料免除や各種オプションがある。35歳男性だと入院日額¥10,000の保障で、月々の保険料は¥3,327
アフラック『ちゃんと応える医療保険 EVER』	保険料が安い割には保障の範囲が格段に広く、入院と通院に特化している。三大疾病などは特約で選択する形になっているので、必要ない場合は保険料を抑えることができる。35歳男性だと入院日額¥10,000の保障で、通院なしで月々の保険料は¥3,230。通院ありだと¥4,240
三井住友海上あいおい生命『&LIFE 新医療保険 A プレミア』	上記アフラックと同じく、短期・長期の入院が充実しているほか、八大疾病は入院日数が無制限。先進医療特約は宿泊交通費も保障の対象。介護特約もあり特徴が多い商品。基本プランで手術Ⅰ型で特則なしの35歳男性だと入院日額¥10,000の保障で、月々の保険料は¥3,658
メットライフ生命『終身医療保険 フレキシィ s』	入院・手術が基本保障。先進医療は通算2,000万円までで、交通費などに使える一時金が5万円。先進医療・通院保障・七大生活習慣病・三大疾病・死亡保障・祝い金はオプションなので未加入でもいい。入院・手術のみの基本保障プランで、35歳男性だと入院日額¥10,000の保障で、月々の保険料は¥3,410
東京海上日動あんしん生命『メディカル Kit R』	掛け捨てがイヤだという人向け。健康で保険を使うことなく所定の年齢になれば、それまでの保険料全額が健康還付給付金として戻ってくる。入院給付金を受け取っていても、所定の年齢まで保険料を納めていれば差額の保険料が戻ってくる、貯蓄のような医療保険。基本プランで35歳男性だと入院日額¥10,000の保障で、70歳時に健康還付給付金を受け取るとして、月々の保険料は¥6,934と割高。保険を使わなかった場合、健康還付給付金の¥2,864,400が受け取れる。同条件で入院日額¥5,000の保障だと月々の保険料は¥3,524
チューリッヒ生命『終身医療保険 プレミアム DX』	入院30日型(入院日額¥5,000)と 60日型(入院日額¥10,000)で自由設計ができる。長期入院リスクがある七大疾病や精神疾患のストレス性疾病の延長入院・先進医療・退院後の通院・三大疾病診断給付金・三大疾病保険料免除・就業不能保障がそれぞれ特約で自由に選択可能。35歳男性だと 60日型(入院日額¥10,000)で、手術1回5万円・放射線治療給付金1回5万円の基本保障で、特約なしだと月々の保険料は¥1,920
メディケア生命『メディフィット A』	特約の種類が豊富。基本保障も三大疾病入院無制限給付か七大疾病入院無制限"すべての入院有限タイプ"を選択でき、手術給付も2パターン選べる。ガンの入院・診断給付金・抗ガン剤治療の特約があり、ガン保険としての機能もある。35歳男性だと入院日額¥10,000の保障で、入院有限タイプ、手術Ⅰ型で月々の保険料は¥2,970
都道府県民共済で割戻金があるもの	割戻金の分を差し引くとかなり安い掛金で保障を確保できる。詳しくはP.118

※都道府県民共済以外は終身保障で、保険料は終身払い。都道府県民共済は 18歳~65歳までの保障。

ガン保険は、一時金が魅力です

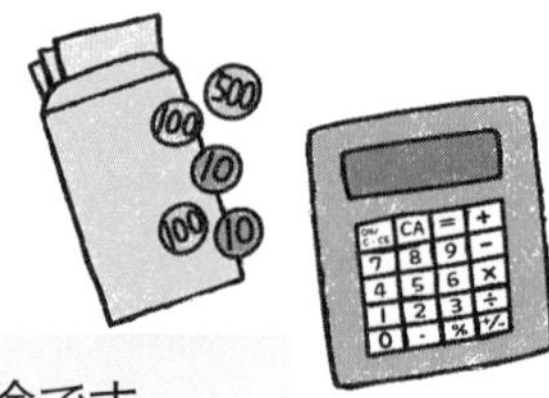

- □ガン保険は、入ってもいい唯一の医療保険です
- □通院だけでも給付金が受け取れる商品もあります
- □自由診療を選んだ場合、一時金は非常に助かります

ガン保険のおもな保障

通常の医療保険だと通院給付金は、はじめに入院した人にしか給付されませんが、ガン保険は下の表のように、入院しなくても通院給付金が受け取れる商品があります。これは通院で、放射線治療や抗ガン剤治療を受けることがあるためです。

ガン保険の基本保障

ガン診断給付金（一時金）	ガンと診断された時に受け取れるまとまったお金。受け取る金額のプランは 50万円～300万円で、上皮内新生物と悪性新生物で給付される金額に違いがあったり、同額だったりと、保険会社によってさまざまである
ガン通院給付金	通院治療のみの場合でも給付されるお金。保険によっては放射線治療や抗ガン剤治療、ホルモン剤治療などに対応している商品もある
ガン手術給付金	ガンの手術をした時に受け取れるお金。10万円や20万円など加入プランによってさまざまである
ガン入院給付金	ガンの治療で入院した時に受け取れるお金。加入プランと入院日額に応じて給付される

給付金の受け取り方

ガン保険の給付金の受け取り方は、下の表のように定額給付型と実損填補型がありますが、ほとんどのガン保険は定額給付型です。

最近では、一時金が支払われてから一定の年数、たとえば１年や２年経てば、無制限に何度でも一時金が支払われるという保険が多くなりました。

ガン保険の給付金の受け取り方

定額給付型	決められた給付金を受け取る終身型の保障。大方のガン保険はこの型
実損填補型	５年ごとに更新が必要など、定期型の保障。医療費が保障される

給付体制をよく確認する

ガンは告知などのデリケートな問題を含むので、保険会社の給付体制をよく確認する必要があります。たとえば、医師や家族が本人にガンであることを知らせていない場合、保険会社から本人宛に給付金や一時金のお知らせが届いたり、問い合わせの連絡があったりしては困ります。

加入前に、給付金の振込先は本人の口座以外でもいいか？ 本人以外の者が代理請求できるのか？ など希望に沿う形で対応が可能かを確認しておきましょう。

ガン保険の注意すべきポイント

終身保障されるかどうか？	ガンは高齢になるほど発症率が高くなるので、高齢になっても十分な保障が受けられるかどうかをチェックする。短期の更新型は、若い時は保険料が安いが、更新時には保険料が上がるなどの商品もある
加入後、保障開始まで90日間の免責期間があること	加入してから90日以内は、もしガンを発症しても保険はおりない。ガン保険に加入するつもりがあるなら、早いほうがいい。この免責期間はどこの保険会社でも同じ
上皮内ガンに保障があるか？	上皮内ガンは、保障額が半額になる保険もある。また上皮内ガンで一時金を受け取ると、あとで悪性新生物のガンになった場合に一時金がおりない商品もある。女性の場合、子宮ガンなどでは支払われない商品もある

一時金は使い勝手がいい

筆者は、医療保険は必要ないという考えですが、ガン保険に関しては加入しておいてもいいと考えています。ガンと診断された時点での一時金は大変助かります。また、入院給付金無制限の商品もあるので、それぞれのニーズで判断したらいいでしょう。

最近のガン保険は、入院よりも通院治療の保障が充実しているものが増えてきました。実際の治療の現場では、手術をしない抗ガン剤治療や放射線治療、ホルモン剤治療などが増えてきたためです。

ガン治療に高額療養費制度（詳しくはP.122）を利用することができないのか？ というとそんなことはありません。ほかの病気同様に、原則として医療費は3割負担で高額療養費制度も利用できます。ガンだけが特別に高額な医療費がかかるというわけでもありません。保険の効かない先進医療や保険適用外の治療を受けると高額になる程度です。最近は、通院治療保障が人気ですが、筆者は一時金重視のほうがいいと考えています。まとまった一時金があれば、高額療養費制度を利用したとしても、預金がない、あるいは少ない人にとっては使い勝手がいいからです。

認可外の抗がん剤は全額自己負担

自由診療とは、国民健康保険や会社の健康保険を使わず治療を受けることです。

今や、世界各国でガンの治療に有効な治療法や治療薬が日進月歩で開発されています。しかし、その治療法や抗ガン剤などの治療薬のすべてが日本国内で認められているわけではありません。

認可外の抗ガン剤などを使う場合は、健康保険が適用されません。

この未認可の治療法や治療薬は先進医療にも該当しないので、自由診療でしか受けることができません。

さらに、この保険適用外の治療では、健康保険が適用される治療との併用も認められていないので、本来なら健康保険が適用される医療費も含めて全額自己負担になってしまいます。

自由診療を選んだ場合、一時金は助かる

保険診療とは、国民健康保険や健康保険が適用になる治療で、自己負担は通常３割、さらに高額療養費制度によって負担の上限を超えた部分は払い戻されます。

一方、自由診療は健康保険が適用にならないため、本来ならば健康保険が適用される治療も含めて、すべて全額自己負担になります。

保険適用外の認可されていない抗ガン剤治療などを希望する場合は、すべての医療費が全額自己負担となるので、ガン保険のまとまった一時金があれば大変助かるということです。

通常の保険診療と自由診療の違い

保険診療	健康保険負担分 ７割	自己負担分 ３割	
自由診療	健康保険負担分 ７割	自己負担分 ３割	未認可の抗ガン剤治療 などによる全額自己負担分

自己負担（保険診療：自己負担分３割／自由診療：自己負担分３割＋未認可の抗ガン剤治療などによる全額自己負担分）

お勧めのガン保険

ガン保険名	特徴
オリックス生命『Believe（ビリーブ）』	診断一時金は初回のみの支払いだが、治療のための入院一時金が何度も支払われるなど一時金が充実。基本給付金額を１万円とした場合、診断一時金が100万円。治療目的の入院に２年に１回50万円で何度でも受け取れる。入院・手術給付金も何度でも受け取れ、退院一時金10万円も何度でも受け取れる。給付金を受け取れる機会が非常に多い保険。 先進医療給付金は通算2,000万円まで。上皮内新生物も悪性新生物と同額保障。しかし、上皮内新生物で一度診断一時金を受け取ると、後日、悪性新生物になった場合に診断一時金は受け取れない。35歳男性だと、月々の保険料は¥3,643
アフラック『生きるためのがん保険 Days1』	診断一時金は初回のみの支払いだが、特約で２年に１回を限度に無制限で受け取れるようカスタマイズできる。入院給付金額を１万円とした場合、診断一時金が悪性新生物で50万円、上皮内新生物で５万円受け取れる。入院や三大治療の手術・放射線・抗ガン剤による通院も回数無制限。三大治療の手術は一部を除き回数無制限。放射線は60日間に１回を無制限。頭髪に脱毛が生じたときの外見ケア特約もある。先進医療は特約で未加入が可能。抗がん剤、ホルモン剤、先進医療、診断給付金複数回支払特約を付けて、35歳男性だと、月々の保険料は¥4,084
チューリッヒ生命『終身ガン治療保険プレミアム DX』	治療に専念することを主契約とした保険。自由にカスタマイズできる。欧米で承認済みの抗がん剤、ホルモン剤を使った場合の自由診療にも対応。主契約で自由診療は２倍の治療費が設定されている。そのほかストレス性疾病や緩和療養、差額ベッド代の特約も用意されている。主契約である放射線・抗がん剤治療、自由診療給付金を各10万円に設定し、先進医療・診断一時金100万円、手術10万円、通院5,000円の特約を付けて入院給付金をなしにした35歳男性だと、月々の保険料は￥3,504
FWD 富士生命『新がんベスト・ゴールドα』	主契約が悪性新生物診断給付金のみで、他の保障は特約で選択。自分で必要な保障をカスタマイズできる。主契約の悪性新生物診断給付金は２年に１回何度でも受け取ることができる。上皮内新生物や入院・手術、先進医療は特約。診断給付金は悪性新生物と上皮内新生物を合わせて300万円まで設定が可能。悪性新生物診断給付金を100万円、上皮内新生物診断給付金を100万円、先進医療と抗がん剤・がん放射線治療給付金20万円を付けて35歳男性だと、月々の保険料は¥3,345
メットライフ生命『ガードエックス』	三大治療の手術・抗ガン剤治療・放射線治療を受けた場合は主契約で、悪性新生物治療給付金100万円、上皮内新生物50万円を、年１回を限度に全５回受け取れる。ホルモン剤治療給付金30万円を、年１回を限度に10回受け取れる。入院給付金5,000円を付けた場合は、入院61日目から給付金が１万円になる。先進医療特約は、かかる技術料と同額（通算2,000万円まで）保障され、そのかかった技術料の20%の先進医療支援給付金が受け取れるので、治療の際の交通費や宿泊費などに充てることができる。オリジナルプランのC２プランで先進医療・入院・通院特約が付いて、35歳男性だと、月々の保険料は¥3,573
セコム損保『自由診療保険メディコム』	定期型のガン保険を用意したい人にお勧め。悪性新生物や上皮内新生物でも一時金が100万円で、３年経過後何回でも支払われる。入院治療費は無制限で、通院は最大 1,000万円まで保障。入院日数、通院日数ともに無制限。５年ごとの更新時に保険料が上がる。ガンにかかった医療費の実費だけ受け取るという実損填補型。定期型で割安感はあるが、50歳になると逆に割高になる。自由診療、先進医療も補償。35歳男性だと、月々の保険料は¥1,590

特約を付ける前に、単品の保険を探しましょう

- □特約の保険料は、無料ではありません
- □保障内容が理解できない特約は、不要です
- □特約は、セット割引とは違います

保険の特約は無料ではない

保険料が高くなる原因の１つに、ムダな特約に加入していることが挙げられます。

生命保険に付いている死亡保障特約や、医療保険に付いている各種の特約など、特約全般に共通することですが、加入は極力避けるべきです。

特約と同じ保障内容で単品で加入できる保険があれば、単品の保険をお勧めします。たとえば、先進医療などの特約は、単品の「先進医療保険」というような保険商品がないので仕方がないですが、ガン保障の特約であれば、単品の「ガン保険」のほうがおトクです。

保険の販売員が勧めるままに、生命保険にたくさんの医療特約を付けている人がいますが、どういった時に、どういう病気やケガで、どのくらい入院・通院したら給付されるのか、しっかり説明を受けてから加入しているか心配です。保険に限らず、説明を受けても理解できないものには、お金を支払ってはいけません。また、特約が付いてセット販売されているからといって、割引になっているわけではありません。

特約は付けるだけ、月々の保険料が上がる

特約について、前述の「どうしても医療保険に入りたいなら、選んで間違いない保険」（P.107）で紹介した、メットライフ生命の『終身医療保険フレキシィs』をサンプルに説明します。

『フレキシィs』の35歳男性の入院日額１万円の保障では、月額保険料が3,410円になります。これに特約を１つずつ増やしていくと、どれくらい月々の保険料が上が

るのかを次の表にまとめました。どうしても特約を付けたいのなら必要最低限に抑えなければ、保険料がこの表のように膨らむことを心得ておきましょう。

特約の増加で保険料が上がる例：メットライフ生命『終身医療保険フレキシィ s』の場合

	基本保障のみ	特約 1	特約 2	特約 3	特約 4	特約 5	特約 6
保障内容	入院1日1万円、手術1回 5～20万円のみ	先進医療 通算最高 2,000万円まで、プラス一時金5万円	通院安心 1日 6,000円	七疾病 入院延長 1日1万円	特定疾病（三大疾病）保障 100万円、軽微なガン 50万円	死亡保障 200万円	介護保障 一時金 100万円
月額保険料（カッコ内は各特約単体の金額）	￥3,410	￥3,517（￥107）	￥4,105（￥588）	￥4,695（￥590）	￥7,545（￥2,850）	￥12,193（￥4,648）	￥12,923（￥730）

生命保険の医療特約もいらない

よく生命保険の死亡保障に、三大疾病（ガン・脳卒中・急性心筋梗塞）特約など医療保障の特約を付けている人がいますが、当然のことながら保険料は高くなります。医療保険の特約も同じで、わざわざ無理して三大疾病保障を付ける必要はありません。三大疾病保障が必要ない理由は、P.96 の「三大疾病の入院は 1 か月程度、医療費も高くありません」で解説しています。

なお、医療保険には、基本保障に三大疾病が含まれている商品がありますが、基本保障は外すことができないので、保険選択の時には十分な注意が必要です。

生命保険の保険契約書の例：定期付終身

■ご契約内容

終身保険金額（主契約保険金額）			300 万円
定期保険特約保険金額			1,200 万円
年金払定期保険特約保険金額			120 万円（10 回）
特定疾病保障定期保険特約保険金額			300 万円
傷害特約保険金額（本人型）			200 万円
災害入院特約（本人型）	入院 5 日目から	日額	5,000 円
疾病入院特約（本人型）	入院 5 日目から	日額	5,000 円
成人病入院特約	入院 5 日目から	日額	5,000 円
通院特約（本人型）	5 日以上入院	日額	2,000 円

○○
生命保険

保険料払込方法	月払
主契約保険料	○○,○○○円
特約保険料	○○,○○○円
合計保険料	○○,○○○円
特約の払込期間及び保険期間	10 年

保障内容を見ても
意味がわからない
特約がたくさん！

こんな場合はどうすればいいの？Q & A

Q1 独身者ですが、病気やケガで入院した時のお金が心配です

A 独身者でも国民健康保険や会社の健康保険に加入している限り、高額な医療費がかかった時は高額療養費制度（詳しくはP.122）が使えます。たとえば、入院・手術などで一月に3割負担で100万円かかったとしても、高額療養費制度を申請すれば11万円くらいで済みます。あらゆる病気の入院日数の平均は約1か月なので、30万円もあればなんとかなります。もし、いま預金がなければ、医療費用に最低30万円を貯めることをはじめましょう。貯めている期間のリスク回避の方法は、次の第5章のP.118で解説しています。

Q2 小さな子どもがいるシングルママでも、医療保険は必要ないですか？

A 基本的には上記Q1の回答と同じです。ただし、預金額が「（親の数+子どもの数）×30万円」あれば、なお安心かと思います。たとえば、ママと子ども2人なら90万円もあれば安心でしょう。しかし、90万円なくても過度に心配することはありません。3人一緒に入院することはまれです。90万円を目標に、子どもが小さくて医療費がかからないうちからコツコツと医療費用の預金を進めたらいいでしょう。入院やケガで仕事ができない場合は、会社員であれば傷病手当金（詳しくはP.126）で給料の約3分の2が最長1年6か月まで支給されるので、生活費の心配もある程度解消されます。これは、シングルパパ・ママに限らず子どもがいる家庭は同様です。

Q3 子どもがいない夫婦の医療保険は、どう考えたらいいのでしょうか？

A Q1とQ2の回答と同様です。2人とも会社員なら、傷病手当金で生活費のことはほとんど心配ないと思います。医療費用の預金が十分になく、妻が専業主婦で夫が入院した場合は、高額療養費貸付制度や、健康保険限度額適用認定証の利用がお勧めです。詳しくは、P.124で説明しています。

Q4 専業主婦ですが、自営業の夫が入院した時が心配です

A Q1～Q3の回答を踏まえた上で、医療費用の預金がない場合は早急に預金をはじめましょう。会社員の傷病手当金のように、働けない場合に生活費が保障される制度はありません。生活費の分も含めるとかなりの額の預金が必要になります。場合によっては就業不能保障特約や、医療保険の検討が必要かもしれません。就業不能保障特約については、P.75で詳しく解説しています。

第5章

医療保険の代わりは自分でつくろう！

医療保険の代わりは、自分で準備できます

- □準備する方法は、5つあります
- □すでに預金があれば大丈夫です
- □一時的に安い保険に入るのもアリです

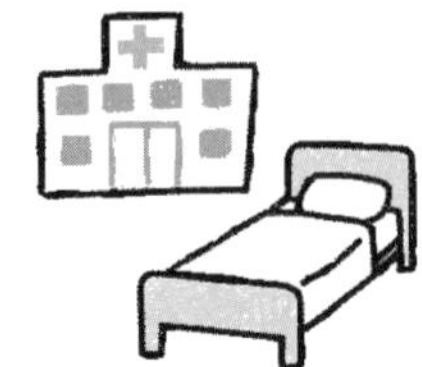

医療保険がいらない、３つの理由

前章で、基本的に医療保険はいらないことをお伝えしました。その理由は、大きく分けて３つあります。

まずは、健康保険証があれば高額療養費制度を利用して、高額な医療費をカバーできます。２つ目は、最近の医療の発達で昔に比べて平均入院日数が短く、大病をしても１か月程度で退院できるため、入院保障、特に 1000 日入院保障は非現実的ということです。また、女性・子ども向けや先進医療の保障は必要ありません。ただし、ガン保険は、一時金と、入院給付金無制限の商品が魅力なので、それぞれのニーズで判断したらいいでしょう。

もしも、手術や入院をすることになったら？

この章では、次の表のとおりに、医療保険に加入していない人が急に医療費が必要になっても困らないよう、預金や生命保険で代用する方法や、公的な保障制度を紹介します。医療保険の保険料を支払わなくてもいい、家計にうれしい方法ばかりです。

医療保険の代わりになる方法

	方法	お勧めの人	解説ページ
方法１	預金を利用する	預金が30万円以上ある人	P.117
方法２	短期間、安い医療保険や、都道府県民共済に加入する	預金が30万円以下の人、医療保険にはどうしても加入したい心配性の人	P.118
方法３	低解約返戻金型終身保険を利用する	誰でも（できるだけ若いうちに）	P.120
方法４	公的保障の高額療養費制度を利用する	誰でも	P.122
方法５	公的保障の傷病手当金で生活費を確保 ※細かく分けると医療保障ではなく給料保障となるが、本書では医療保険の代わりとする	会社員であれば誰でも	P.126

預金で、自家製の医療保険をつくります

□30万円の預金が、医療保険の代わりになります
□もしもの時は、公的な保障が強い味方です
□医療費の備えは、預金とガン保険で万全です

一番シンプル！ 預金で医療費を準備する方法

1人あたり30万円ほどの預金があれば、医療保険は必要ありません。もし、30万円では心配という人は、倍の60万円も用意できれば上等でしょう。

なぜ30万円かは、たとえば医療費が1か月100万円かかったとしても、健康保険の3割自己負担で30万円の支払いで済むので、預金があれば支払えるでしょう。

後日、高額療養費制度（詳しくはP.122）を申請すると、次の表の1番右の列のようにさらに安くなります。

もし、一時的にでも3割自己負担の支払いがきつい人は、事前に申請すれば、はじめから支払いが軽減される方法（詳しくはP.124）もあります。

実際にP.98で紹介したAさんのように、くも膜下出血で2回手術をしても、高額療養費制度を利用すると30万円以下の医療費で収まっています。

一般的な会社員の1か月の医療費支払い例

健康保険適用前の金額	病院窓口での支払額（3割負担分）	高額療養費制度を利用した支払額
100万円	30万円	￥87,430
200万円	60万円	￥97,430
300万円	90万円	￥107,430

預金とガン保険で、医療費の備えは万全

1人あたり30万円以上の預金と、一時金以外はムダな特約をつけないシンプルなガン保険（詳細はP.111）があれば、医療に関しての備えは万全といえます。

ぜひ、ムダな医療保険に加入しないですむ、この方法を検討してみてください。

短期間だけ、医療保険や共済保険に加入します

- □預金ができるまで、安い医療保険に入ります
- □お勧めの医療保険は、都道府県民共済です
- □預金が30万円貯まったら解約してかまいません

「つなぎ」で最低限の医療保険に入る

預金額が足りない、あるいはゼロという場合、医療用のお金を貯めている間に、万一病気になって入院にでもなったら困ります。

そこで、お金を貯めている間、「つなぎ」として最低限の医療保険に入り、入院リスクに備える方法を見ていきましょう。

用意する保険の保障は、入院１日 5,000 円（保険会社から１日 5,000 円もらえるということ）で十分です。どうしても個室で差額ベッド代を確保したければ１日１万円の保障にすればいいでしょう。日帰り入院の保障は必要ありません。入院５日目からの保障で十分です。あとは日々健康に留意して生活をする！ これに尽きます。

預金ができるまでの期間中に加入する保険

- 入院日額￥5,000
- 入院５日目からの保障で十分
- ~~日帰り入院保障~~ ⇐いらない
- ~~その他特約~~ ⇐いらない

一番お勧めは、都道府県民共済

都道府県民共済は、都道府県が認可した非営利団体が運営する保険です。このため保険名は「生命共済」や「火災共済」となり、生命共済には、死亡と入院を保障する総合保障型、入院に特化した入院保障型などの商品があります。

共済保険の一番の特徴は、「割戻金（わりもどしきん）」があることです。割戻金とは毎年の決算で剰余金が出た時に、加入者に戻ってくるお金のことです。割戻率（わりもどしりつ）（割戻しの割合）は各共済やその年度で違いますが、保険料（掛金）の10％から多ければ30％以上戻ってくることがあります。

共済保険に加入する条件は、その都道府県に対して「在住もしくは在勤」となるので、たとえば、住まいが神奈川県で、会社が東京都の人は2つ選択肢があることになります。割戻率が高いほうを選ぶといいでしょう。

なお、共済保険の保険料は「掛金」といいますが、掛金は全国一律です。

一般的な県民共済の保障を見ていきます。下の図のように、入院保障型で病気入院1日1万円、掛金は月2,000円。この年度の割戻率は年間掛金の25.67％なので、6,160円戻ってきます。1年間加入したとして、実質の掛金は年間1万7,840円（2万4,000円－6,160円）になり、月々1,487円（1万7,840円÷12か月）の支払いとなるわけです。

割戻金6,160円は、医療用預金にもできるので、「つなぎ」保険として最適です。

一般的な県民共済の例：入院保障型

- 病気入院 ￥10,000/1日（1日目の入院から・日帰りも可）
- 掛金全国一律 ￥2,000/月
- 年間掛金：￥24,000

割戻率 25.67%

キャッシュバック！
割戻金￥6,160
↓
実質、年間掛金￥17,840
↓
実質、月額掛金￥1,487

民間の医療保険と、都道府県民共済を比較する

保険会社の医療保険と共済保険を、ほぼ同じ保障内容、年齢で用意した場合を比べると、次の表のように共済保険は相当割安だということがわかります。預金で自家製の医療保険をつくっている段階の人にとっては非常に便利といえるでしょう。

入院日額￥10,000の保障：35歳男性の場合（基本保障のみ）

保険商品	月額保険料
一般的な都道府県民共済	￥1,487（実質）
SOMPOひまわり生命『新・健康のお守り』	￥3,327
アフラック『ちゃんと応える医療保険EVER』	￥3,230
オリックス生命『新CURE（キュア）』	￥3,247
メットライフ生命『終身医療保険フレキシィs』	￥3,410

個室の差額ベッド代とは

差額ベッド代とは、病室を大部屋から個室にすることで、通常の入院より余分にかかる費用のこと。病状によりやむを得ない場合や、他人のいびきが気になって眠れないなど事情はさまざまだが、かけなくても済む費用。もし、差額ベッド代だけを保険で準備したいという場合は、共済保険を利用するのがお勧め。

老後の医療費が心配な人に、向いています

□解約返戻金を医療費に利用する方法です
□この保険だと、保険料が安く抑えられます
□加入するなら、若いうちのほうがおトクです

満期後の解約返戻金を医療費に利用

老後に入院や介護状態になった場合、低解約返戻金型終身保険（生命保険のカテゴリー、詳しくはP.82）の満期後の解約返戻金を医療費の支払いに利用する方法があります。なぜこの保険なのかというと、老後の医療費を準備することが目的なので、若いうちに中途解約しないことが前提です。低解約返戻金型は、中途解約しない条件であれば毎月の保険料を安く抑えられます。

現在、高齢者の医療費負担割合は、70歳～74歳が2割、75歳以上では1割ですが、現役並みの所得がある人は年齢に関係なく3割と、高齢になっても医療費はそれなりにかかります。この方法は、高齢者向けですが、低解約返戻金型終身保険は若いうちに加入すればその分保険料が安くなるので、若いうちから検討しましょう。

医療保険は割がよくない

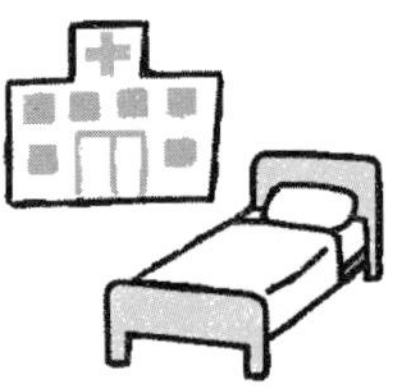

医療保険と低解約返戻金型終身保険（生命保険）を比較する前に、医療保険は割高になることを説明します。

たとえば35歳の男性が、オリックス生命の医療保険『新CURE（キュア）』で三大疾病に備えたとします。入院給付金を1日1万円受け取るプランだと、保険料は月4,662円（年間5万5,944円）かかります。

受け取った入院給付金の合計が保険料の支払総額を上回る、いわゆる元が取れる状態になるには、70歳までに30日の入院を6回するか、5回中1回は三大疾病であることが必要です。このことから医療保険は、割がいいとはとてもいえません。

医療保険と低解約返戻金型終身保険を比較する

次は医療保険と、低解約返戻金型終身保険（生命保険）を、下の表のとおり、35歳の男性が同じ条件で用意した場合で比べてみます。

サンプルに使う低解約返戻金型終身保険は、前述の医療保険と同じオリックス生命の『RISE（ライズ）』で説明します。この保険で死亡保障200万円に加入すると、保険料は月4,706円（年間5万6,472円）かかります。65歳が払込終了なので、その時点での保険料の支払総額は169万4,160円（5万6,472円×30年）。

一方、医療保険『新CURE（キュア）』だと、65歳時点で保険料の支払総額は116万8,920円。一見医療保険のほうがおトクに見えますが、すべて掛け捨てです。さらに10年間加入し続けると約40万円の支出になります。終身保険の『RISE（ライズ）』は解約返戻金が受け取れるので、65歳の払込満了時だと176万6,640円のお金が戻ってきます。

保険料の支払総額より59万7,720円（176万6,640円－116万8,920円）も多く受け取れるので、低解約返戻金型終身保険で医療費を準備するほうがおトクです。

医療保険と終身保険の比較：35歳・男性の場合

保険名		保険料支払総額	解約返戻金	特徴
医療保険	オリックス生命『新CURE（キュア）』	￥1,168,920 ※65歳時点の金額。その後も支払いは続く	なし	●死亡時まで保険料の支払いが続く ●死亡時の保障はない
低解約返戻金型終身保険	オリックス生命『RISE（ライズ）』	￥1,694,160 ※払込完了の65歳時点	￥1,766,640 ※65歳時点の金額。その後も解約返戻金額は上がっていく	●死亡時200万円の保障がある ●解約返戻金は年数が経つにつれて上がっていく

医療保険は、亡くなるまで保険料の支払いが続く

低解約返戻金型終身保険は、満期以降は年々もらえる解約返戻金の金額が上がっていきます。一方、先ほどの医療保険『新CURE（キュア）』は終身払いなので、亡くなるまで毎月保険料を支払わなければなりません。医療保険は掛け捨てなので、急に死んでしまったら死亡給付金は出ません。老後の医療費を準備するには、資産運用面からいっても低解約返戻金型終身保険のほうが優れているといえます。

国の医療保障は、頼りになります

- □公的保障の仕組みを知れば安心できます
- □医療費100万円でも月8万円程度の負担で済みます
- □4か月目以降の医療費は、さらに減額されます

高額療養費制度の仕組み

病気が治るまでの医療費は、健康保険で３割負担となっても、三大疾病（ガン・脳卒中・急性心筋梗塞）で 90 万円～ 210 万円前後、子宮筋腫で 73 万円前後と家計を圧迫する金額がかかります。しかし、健康保険証を持っている人であれば、１か月の医療費が一定額を超えると「高額療養費制度」が利用できます。

たとえば、年収（税金や社会保険料が引かれる前の額）が約 370 万円～約 770 万円の人だと、次ページの表のとおり１か月の医療費（３割負担）が８万 100 円を超える分は１％の負担で済みます。年収額は、会社員だと源泉徴収票の支払金額の欄を見るといいでしょう。

【計算例：標準報酬月額40万円の会社員の場合】

【公式】¥80,100＋(医療費－¥267,000)×1％

- 仮に医療費が￥1,000,000 だと、「￥80,100＋(￥1,000,000－￥267,000)×１％＝￥87,430」が自己負担限度額
- ３割負担で、￥300,000 支払い済みだと、健康保険団体へ申請することで、「￥300,000－￥87,430＝￥212,570」が戻ってくる

自己負担限度額は、月の１日～末日を１か月として、受診月ごとに計算します。

また、直近の１年間に３回（３月）以上制度を利用すると、４回目以降は自己負担額が減額されます。上記の会社員だと、４回目からはずっと４万 4,400 円になります。なお、４回目以降の計算式はありません。

69歳以下の場合の自己負担限度額（１か月に同一医療機関で同一の診療の場合）

所得区分	自己負担限度額	４回目以降
年収約1,160万円以上 国保：年間所得901万円超 健保：標準報酬月額83万円以上	￥252,600＋ （医療費－￥842,000）×１％	￥140,100
年収約770万円～約1,160万円 国保：年間所得600万円～901万円 健保：標準報酬月額53万円～79万円	￥167,400＋ （医療費－￥558,000）×１％	￥93,000
年収約370万円～約770万円 国保：年間所得210万円～600万円 健保：標準報酬月額28万円～50万円	￥80,100＋ （医療費－￥267,000）×１％	￥44,400
年収約370万円 国保：年間所得210万円以下 健保：標準報酬月額26万円以下	￥57,600	￥44,400
住民税非課税者	￥35,400	￥24,600

※「国保」は国民健康保険の加入者、「健保」は会社で健康保険に加入している人。
※国保の「年間所得」とは、前年の総所得・山林所得・株式の長期（短期）譲渡所得等の合計額から基礎控除（33万円）を引いた額（雑損失の繰越控除額は控除しない）。
※健保の「標準報酬月額」とは、大まかに計算すると、基本給に通勤手当・各種手当（残業手当・家族手当・住宅手当）を含めた額。
※「医療費」とは、医療保険が適用される前の医療費（3割負担前の金額）。
出典：厚生労働省資料「高額療養費制度を利用される皆さまへ（平成30年8月診療分から）」より抜粋修正。

高額療養費制度の手続き

高額療養費制度は、一旦、病院の窓口で３割負担の支払いをしたあと請求する方法で、自分で請求しなければ、払い戻しは受けられません。

請求先は、国民健康保険なら最寄りの市区町村の役所、会社員で健康保険に加入していれば、各健康保険団体（協会けんぽ）です。申請方法は、請求先の役所や、各健康保険団体、勤め先に問い合わせるか、それぞれのホームページで確認しましょう。

高額療養費制度は、家族の医療費を合算できる

１人当たりの医療費が高額療養費制度の適用額に達していない場合でも、同じ月に同じ世帯、同じ健康保険で、１つにつき2万1,000円以上の医療費が２つ以上ある時は、合算し自己負担限度額として計算できる。
また、１人が同一月に２つ以上の医療機関にかかり、それぞれ2万1,000円以上になった場合も同じ。たとえば、離れて暮らす家族でも同じ健康保険に入っていれば、自己負担限度額はお互いの住所が異なっていても合算できる。

無利子の貸付制度

高額療養費制度を利用するにしても、とりあえず、病院の窓口で３割負担の医療費を支払う必要があります。

預金がなく窓口で支払いができない人のために、「高額療養費貸付制度」という制度があります。高額療養費の払い戻しを受けるまでの間、手続きをすれば支払いに必要な資金を貸してくれる制度です。貸付額は、加入している健康保険によりますが、通常は高額療養費の支給見込額の80％（国保は90％）を無利子で貸してくれます。

返済は、高額療養費と相殺され、残り20％（国保は10％）が後日振り込まれます。もし、貸付額のほうが多い場合は、返納通知書が送られてくるので貸付金を返納します。突然の入院などのために、普段から預金をしておくことは大事です。しかし、その預金が十分でなくても、このような制度があるので必要以上に恐れることはありません。

申請方法は、高額療養費制度と同じです。役所や各健康保険団体、勤め先に問い合わせをしてください。

病院窓口での支払いが減額される認定証

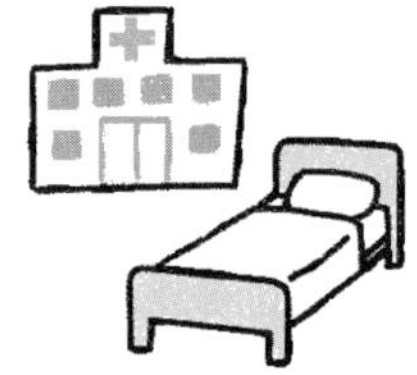

高額療養費制度で医療費の払い戻しを受けるまでは、事務手続きなどで申請から２～３か月かかり、病院窓口での支払いと時差が生じます。この期間、預金に余裕のない家庭では経済的にきついことも当然あるでしょう。

そういう人のために、窓口での負担額が医療機関ごと、１か月につき高額療養費制度の自己負担限度額までになる、「健康保険限度額適用認定証」というものがあります。

１度交付されれば、入院時に、健康保険証とこの健康保険限度額適用認定証を窓口に提出すれば済むので便利な制度です。

健康保険限度額適用認定証

- 対象：70歳未満の被保険者とその被扶養者で、入院中または入院予定のある人
- 内容：提示することで、病院窓口での支払いが自己負担限度額までとなる
- 申請方法：住所のある役所または、各健康保険団体、勤め先に問い合わせをする

※70歳以上の人は、この認定証の申請は不要。自動的に窓口での請求額が負担上限額までになる

差額ベッド代などは、助成の対象外

入院中の食事代・寝具代・おむつ代・タオル代・テレビや冷蔵庫の使用料・差額ベッド代などは、高額療養費制度の対象にならないので注意してください。その分は、健康保険の３割負担にも含まれず、全額が実費負担になります。

差額ベッド代は別として、健康で家にいても食事代はかかるわけですから、入院時の食事代も含めてそれらを医療保険で準備する必要がないことは明白であり、資産運用の面からいってもナンセンスです。

医療費控除用に、領収書は保管しておく

１年間に３割負担の医療費を 10 万円以上支払った場合は、医療費控除が適用になります。

対象となる費用は、医療費や歯の治療費のほか、医薬品代・通院時の交通費・入院時の部屋代や食事代・医療用器具の購入費・出産時の定期検診費など数多くあります。

反対に対象とならないのは、ビタミン剤の購入代・美容整形代・通院時のタクシー代（例外もあり）・人間ドックの費用などです。ただし、人間ドックの検査で病気が見つかれば医療費とみなされます。

医療費控除は本人と同一生計の家族にも適用されるので、通院時の交通費など、家族の分も含めて、こま目に明細書や領収書を保管しておきましょう。

1月1日～ 12 月 31 日の医療費が 10 万円以上ある場合は、最寄りの税務署に確定申告（例年2月 16 日～3月 15 日ごろ）すると、余分に払った所得税の一部が税務署から戻ってきます。なお、控除を受けた人は、医療費の領収書を５年間保管する必要があるのでご注意ください。

公務員の高額療養費の申請

公務員は、高額療養費の申請が不要な場合がある。

共済組合が自己負担額を超えたことを医療機関で確認し、自動的に超過分を職員の口座に振り込んでくれる仕組み。実際に利用する時は、共済組合に確認しよう。

働けない期間、生活費が保障される制度

- □国民健康保険の人は、利用できません
- □会社員は、労災保険の保障もあります
- □最長で1年半、給料の3分の2を受給できます

会社員が、病気やケガをしたら支給されるお金

傷病手当金は、会社員が加入する健康保険だけの保障制度で、残念ながら国民健康保険にはありません。

高額療養費制度（詳しくはP.122）を利用すれば、医療費・入院費は手厚く保障されます。

しかし、入院した場合、仕事ができないので収入がないという事態が生じます。生活費が入ってこないわけですから、自分だけでなく家族がいる人は家族の生活も心配です。共働き夫婦であっても、急激に生活費が減ることは避けられません。そんな、会社員の働けない事態を助けてくれるのが、傷病手当金です。

傷病手当金は、最長１年６か月まで支給

傷病手当金は、４日以上欠勤した場合に４日目から支給されます。受け取るには、医師の診断書等の証明が必要です。

病気で休む時は、病気休暇を使ったり、有給休暇を利用したりする会社もありますが、いずれも欠勤ではないので、傷病手当金の対象にはなりません。

支給される金額は、１日につき標準報酬月額の３分の２、つまり月給制であれば、月給を30で割った１日当たりの給料の３分の２ぐらいになります。

支給される期間は、支給開始日から最長で１年６か月とされています。

会社員には労災保険もある

会社員特有の保障には、労災保険（労働者災害補償保険）もあります。

労災保険は医療保険とは異なり、会社が国に保険料を全額支払い、従業員の仕事中のケガ・病気・死亡、さらには通勤途中の災害に備える国の公的な保険です。

会社員が保険料を支払う必要はありませんが、もしもの時は保障されます。対象者はパート・アルバイト・外国人も含めてすべての労働者になります。１人以上の労働者を雇用する事業所は、原則として強制加入なので、人を雇っている事業主、経営者は「加入していません」という言い訳は通用しません。

労災保険は日給の約80％が支給

労災保険は、大きく分けて「業務災害」と「通勤災害」に分類できます。

給付形態では、病気やケガをした場合に治るまで保障される「療養補償給付」と、欠勤した場合の「休業補償給付」があります。休業補償給付は、４日以上休んだら４日目から、その人が受け取っていた日給の約 80％が支給される仕組みです。

もし、障害を負った場合は、程度に応じて年金や一時金が支給され、要介護状態になった時は、状態によって介護（補償）給付が受け取れます。万一死亡した場合は、遺族に一定額の年金が支給され、葬祭料・葬祭給付を受け取れます。

労災保険の支給例

業務災害の例	通勤災害の例
●仕事が原因のうつ病による自殺や、作業中の爆発事故で死亡した場合など ●トイレに行く途中のケガでも、仕事中であれば認められる	●通勤経路を逸脱や中断した場合は、認められない。たとえば、帰宅途中に居酒屋に寄りケガをした、あるいはその居酒屋の帰り道にいつもの通勤経路でケガをしたなど ●例外的に「日常生活で必要な行為を、やむを得ない理由で行う最小限度のもの」については、認められることもある。たとえば、帰宅途中の日用品の購入や、病院への立ち寄りなど

傷病手当金の支給保障の例

月給40万円の人が１か月入院した場合、約26万円〜27万円が支給される。
仮に１年間入院した場合では、約312万円〜324万円支給されることになる。
会社の健康保険組合によっては、さらに給付期間が長かったり、給付金額が上乗せされたりする場合もある。

こんな場合はどうすればいいの？Q & A

Q1 加入を検討している共済保険の昨年の割戻率は10%ですが、それでも医療保険より共済保険のほうがおトクですか？

A たとえ割戻率10%と低めであっても、共済保険のほうがおトクです。共済保険の入院保障型は、病気入院1日1万円、手術10万円まで、先進医療150万円までが基本保障です。その場合の掛金は月額2,000円で、年間2万4,000円になります。10%割り戻されるので、実質の掛金は年間2万1,600円。月額に換算すると1,800円です。保険会社の医療保険は加入年齢によって違いはありますが、35歳男性だと同じ入院1日1万円保障でも月額3,500円前後の保険料がかかるので、たとえ割戻金がなかったとしても共済保険のほうがおトクです。詳しい共済保険の説明はP.118を参照してください。

Q2 若いうちでも低解約返戻金型終身保険を医療保険の代わりにできますか？

A 若いうちに医療保険の代わりにしてはダメです。低解約返戻金型終身保険は、保険料の支払期間中に解約した場合の解約返戻金を安く設定している分、一般の終身保険より保険料が割安になっています。したがって、途中で解約してしまっては損をしますので、必ず老後（満期以降）に利用しなければ意味がありません。ちなみに解約返戻金は医療費だけでなく、趣味や旅行、介護費用にもなるので、自由度の高い保険です。
詳細は、P.120で解説しています。

Q3 高額療養費制度を利用する場合、どのような手続きが一番便利ですか？

A 健康保険限度額適用認定証（詳しくはP.124）を交付してもらうのが一番便利でしょう。入院が決まった時や入院中に申請し交付されると、あとは病院窓口に提出するだけで、支払いが高額療養費制度の自己負担限度額までになるので、各事務手続きや払い戻しにかかる時間的なことも含めて、一番効率的といえるでしょう。

誰でも被害者になりうる話 ～かんぽ生命の事件から

2019年12月、不適切な保険販売を行ったとして、金融庁がかんぽ生命と日本郵便の2社に3か月の一部業務停止命令を発動するというニュースがありました。この事件に関連して、十数年前に当時72歳だった女性から簡易生命保険（通称簡保）の見直しを依頼されたときの話をご紹介します。

この相談者は、当時の日本郵政（現かんぽ生命）が行っていた簡保の養老保険に3口も加入していました。しかも75歳で10年満期、3口とも医療保険も付けていました。75歳が満期ということは、加入可能年齢ギリギリで保険料が最高値の65歳で入ったことになります。実はこの女性は、以前から別の会社の医療保険に加入していたので、養老保険に入った理由を尋ねると、「簡保の方が来て「お孫さんのためにお金を残しませんか」と勧誘されたと言うのです。

相談者は以前、簡保の終身保険に加入していたようで、筆者の推測では、その保険料の払い込みが終わった時に、販売員が「終身保険を解約して、その解約返戻金を使って養老保険の保険料の一部に充てましょう」とでも言って、養老保険に勧誘したのではないかと考えます。

終身保険の保険金は自分の葬儀代にしたいと考えていたため、それを充当されませんでしたが、孫を思う気持ちを突かれ、販売員に言われるがままに加入してしまったのです。養老保険についてはP.87でも説明しましたが、ほとんどの商品は元本割れするため加入する価値はありません。お孫さんにお金を残すという目的を考えると、史上最低の金利とはいえ、預金したほうがよほど良かったといえます。かんぽ生命のニュースを聞き、当時からこのような保険勧誘を組織的に行っていたのかと、愕然とした気持ちになりました。

その後女性は、加入を続けたほうが最終的に損をするので、2つの養老保険を解約しました。残念ながらもう1つに関しては解約したほうが逆に損をするので、加入しておくという結果になりました。こういった販売員の口車に乗らないよう、高齢者とはいえ最低限の保険知識は必要だと思われた出来事でした。

[著者プロフィール]

末永 健（すえなが・けん）
家計の学校S.H.E代表。1967年福岡県福岡市生まれ、福岡市在住。
家計の管理と保険のアドバイスに特化した完全独立系ファイナンシャルプランナー。
２級ファイナンシャル・プランニング技能士（資産設計提案業務）、AFP認定者。

主な活動
主婦層を中心に、家計管理・節約、保険の見直し方・選択法の情報を発信。
【A-LIP式必要保障額計算メソッド®（商標登録）】を考案。
保険商品を販売しないFPとして、ネット上のみで真の情報を配信する異色のFP。

- オフィシャルサイト「家計の学校S.H.E」
  https://www.suenagaken.com/
- ブログ「今スグ気楽に始められる 家計簿つけずにラクして節約する方法」
  https://kakeihoken-minaoshi.com/

本文DTP　平野 直子（株式会社 デザインキューブ）
本文デザイン　大悟法 淳一、大山 真葵（株式会社 ごぼうデザイン事務所）
本文イラスト　加藤 陽子

書けばわかる！
わが家にピッタリな保険の選び方　第２版

2020年 5月15日　初版第1刷発行

著者　末永 健
発行人　佐々木 幹夫
発行所　株式会社 翔泳社（https://www.shoeisha.co.jp）
印刷・製本　日経印刷 株式会社

本書へのお問い合わせについては、IIページに記載の内容をお読みください。

造本には細心の注意を払っておりますが、万一、乱丁（ページの順序違い）や落丁（ページの抜け）がございましたら、お取り替えいたします。03-5362-3705までご連絡ください。

ISBN978-4-7981-6476-2　Printed in Japan